点をとるポイントがわかる

100字解説

合格英熟

改訂

300

受験情報研究会

■まえがき

「合格に必要な熟語は300しかない」。

これは、受験情報研究会が、実際に受験を勝ち抜いてきた東大合格者に対し、アンケート調査を行ない明らかになった事実です。

この300熟語には、合格者が試行錯誤のすえに獲得した「試験で即役立つ知恵」が結集されています。「試験でどこが問われるのか」「どう覚えておけば試験で点になるのか」など、"合格者のエッセンス"を100字解説で余すところなく公開。各熟語につけた演習例文をくり返すことで、問題を解くセンスも養われていくはずです。

この熟語集は、「入試に出るから」と、得点に結びつかない熟語まで網羅している熟語集とは、根本的に違います。この300熟語を完全に使いこなせるようになれば、受験生にとって、入試の熟語などもはや恐れるに足りません。この必要かつ十分な熟語を要領よく身につけ、志望校に合格してもらおうというのが、本書の最大の目的なのです。

英熟語攻略の「入り口用」として、あるいは受験直前の「チェック用」としても、本書をご活用いただければ幸いです。

受験生のご健闘を祈ります。

受験情報研究会

目次

改訂3版 合格英熟語300

改訂3版 発行にあたり

合格するために必要な「300」熟語、このコンセプトは変わりません。
本書では、「共通テスト」や「大学入試」の出題傾向を考慮し、新たに「20」の熟語を入れ替えました。
なお、削除した熟語を巻末に掲載しています。

1章

合格者データが明かした！

●

英熟語はこの300で万全

1 なぜ英熟語は、300で十分なのか

合格者データが明らかにした、“ムダな勉強法”“役に立つ勉強法”

私たち「受験情報研究会」では、本書を出版するにあたり、東大をはじめ早慶など主要大学の合格者を対象に、受験勉強に関する面接調査を実施した。

この調査の目的は、「受験勉強で何がムダで、何が役にたったたか」を明らかにすることにある。

実際の話、大学に受かってみると、自分の受験勉強で何が役に立ち、何がムダだったかが、身にしみて実感させられる。ところが合格者のつかんだこうした情報は、現実の受験生にはほとんどフィード・バックされていない。そのギャップを分析し、合格者の情報やノウハウを受験生に正しく伝えたいというのが、そもそも「受験情報研究会」発足のきっかけにもなっている。

合格者データからは、いくつもの興味深い事実が得られている。たとえば英単語に関しては、「受験には最低でも1500単語の暗記が必要」という“受験常識”に対して、確信をもって「NO」と言うことができた。ここから『合格英単語600』（ごま書房）が生まれたのだが、おかげさまで読者の方々から大きな反響があり、熟語集を望む声も多く寄せられた。そこで、これまでに蓄積したデータを再整理し、新たな合格者情報を加えてつくりあげたのが、この熟語集である。

合格者の素朴な実感―「せっかく覚えた熟語が、なぜ試験で役に立たないのか」

従来の熟語学習に対する疑問は、熟語集で暗記したものが実戦では役に立たない、という私たちの実感からはじまっている。いくら熟語集に時間をかけて熟語を暗記しても、模擬試験や過去問では、まるっきり役に立たない。

暗記していた熟語が出たにもかかわらず、解説を読んではじめて、「なるほどこれが熟語だったのか」と納得する始末だ。

そこで、熟語は単語以上に丸暗記が通用しないことに気づいてからは、熟語集をやめて、模試の復習や予備校の授業、文法の実戦問題集などの勉強で、熟語の領域をカバーしていった。

この考え方、やり方が正しかったことは、自分たちが合格できたことでも証明できたと思っている。だが、私たちだけではなかった。つまり、調査した東大合格者のほぼ全員がなんらかの"熟語集"を最低1冊は持っていたが、出ている熟語の半分以上を覚えていた合格者は、10パーセントにも満たなかったのだ。

では、実際にどれくらいの数の熟語を覚えていたかを先に言ってしまうと、驚くべきことにたったの300である。これについては、あとで触れるとして、ここでは「なぜ、熟語集を最後まで暗記しなかったのか」ということについて見ていこう。ここには、熟語学習に関する矛盾や問題点が集約されているからだ。

やはり圧倒的に多かった合格者の声は、「熟語集で丸暗記したことが、実際には役に立たない」ということであった。これは、私たちだけでなく、多くの合格者の共通した認識だったのである。そのことに気づいた合格者たちは、熟語集による暗記をやめ、模試や過去問、文法問題集などで、熟語の領域をカバーする勉強方法に変えている。

そしてもう一つひじょうに多かったのは、「いくらがんばっても、あんなにたくさんの数の熟語は暗記できないし、また、暗記する必要もなかった」という、まことに実感のこもった合格者の声であった。

これらの代表的な二つの意見は、早い話が「役に立つような熟語集がなかった」ということを言っている。そう解釈する以外にないのである。

熟語の“丸暗記”が、入試で通用しない理由

では、なぜ熟語の丸暗記が入試で通用しないのか。論より証拠で、実際の試験問題を見よう。これはセンター試験。英文完成の穴埋め問題だ。

I don't mind leaving at six o'clock：＿＿ up early.

① I used to getting　② I was used to get

③ I'm used to get　④ I'm used to getting

問題文は、「私は6時に出発するのを気にしない」ときて、その続きが空欄である。

熟語集で be used to ～「～に慣れている」、used to ～「以前よく～した」を暗記していたとしても、まるで役に立たない。どれも正解らしく見えてしまう。正解は「早起きに慣れている」の④だが、かりに③か④に絞れたとしても、to の後に動詞の原型がくるのか、～ ing の動名詞がくるのかわからなければ解けないはずだ。

それでは、本書の41ページに載せたこの二つの熟語の演習例文と解説に、ざっと目を通してほしい。そのあともう一度この問題に戻るとどうだろうか。④以外は選べなくなっているはずだ。

もう一つ例を出そう。慶應大学（法学部）の長文問題の、下線部を含む英文である。

And we have come to think of them as contributing to an idea which we have called nature.

ここに出てくる熟語を、ある熟語集を使って以下のように暗記したとする。

・come to「1.～に来る；達する　2.～するようになる　3.意識を回復する」

・think of A as B「A を B とみなす」

・contribute（A）to B「B に貢献する；（A）を B に寄付［寄稿］する」（ついでに idea の意味を教えておくと、ここでは「概念」の意味）。

暗記したところで、手も足もでないことが実感できるはずだ。ではこの本の think of A as B の解説（53ページ）を読んでみよう。「『A is Bであると考える』が基本の意味」で、「as を is に置き換えてみると意味がとりやすい」とある。

実際に適用すると、「They are contributing to an idea which 〜と考える」（それらは which 以下のような概念に貢献していると考える）の構造が発見できる。もう解けたも同然だ。ちなみに contribute to「〜に貢献する」はこの本では載せていないが、それは、わざわざ熟語として覚える必要はなく、むしろ単語としての訳と使い方を知るほうがだいじと考えるからだ。もちろん『合格英単語600』では、contribute to の形を含めてこの単語を載せている。

同じく come to 不定詞「〜するようになる」がわかれば、「我々はそれらが、（我々が）"自然"と呼んできた概念に貢献していると考えるようになった」の訳が引き出せる。

以上のように、熟語は直接、間接に得点に結びつく場面がひじょうに多いのが、覚えた熟語そのままの形の意味を問う設問は絶対にない。単純だが、これが丸暗記が通用しない理由だ。

熟語とその意味の丸暗記ではなく、「試験では何が問われ、何が重要になるのか」を知ることが、熟語マスターの決め手になることが、おわかりいただけるだろうか。

そして、キミたち受験生が切実に知りたいと思っている、「試験では何が問われるか」を的確に示すことが、今回つくった熟語集の最大のコンセプトになっていることも、理解していただけただろうか。

「試験では何が重要か」を示さないのが、従来の熟語集の最大の欠陥

これに対して、従来の熟語集はどんな“対策”を講じているのか。ある“親切”な熟語集には、「熟語は短文で覚えなさい。そうすれば、to の後に不定詞がくるのか、動名詞がくるのかがすぐにわかる」と書いている。

たしかにこの意見には賛成だが、その熟語集には、熟語が1000あり、短文は1000以上ある。どうやってこれだけの短文を覚えるのか、教えてほしいものだ。

しかも短文の解説などもほとんど書いていないから、試験で問われるポイントなど皆目わからない。要するに、短文は“お飾り”でしかない。

問題ははっきりしている。つまり、従来の熟語集は、受験生が暗記できようができまいがおかまいなしに、「試験に出るものがこれだけあるのだから、それをすべて丸暗記すれば大丈夫」という方針でつくられているのだ。

これは、私たちの目指す方向とまったく正反対である。「試験では何が重要か」を肌で感じとってきた合格者の視点からあらためて検討していくと、従来の熟語集とはまったく違った方向性が見えてくる。もっとも大きな違いは“数”である。

従来の熟語集は「試験に出る」「コンピュータ分析に

よる頻度順」などの歌い文句に見られるように、「試験に出た」ということを“売り”にしている。だがこれは、単に試験の“英文”に登場したというだけで、“問題を解くためのカギになる”という意味ではないことに注意したい。

こうした“データ”が合格者の実感と合わないのは明らかだ。たとえば合格者のだれもが最重要と明言した熟語が、“出る順”に従った結果、最後のほうにやっと登場する、といったおかしなことも起こっている。

さらによく見ていくと、まず直接点数を左右しないもの、つまり、文章で出てきたときに意味がとれればいいだけ、という“熟語”もたくさん出ている。

たとえば be open to「〜に対して開かれている」、apply to「〜に当てはまる」などがそうで、これなどは open や apply を単語として知っておけば試験ではまったく困らない。私たちに言わせれば熟語でもなんでもない。

こうしたものまで「試験に出る」といって、なんでもかんでも暗記させよとする。しかしその暗記は試験で役に立たない。逆にあれこれ覚えさせられることで、受験生の頭は混乱し、まぎらわしい熟語の区別すらできない状態に陥る。

問題は熟語の数だけにとどまらない。従来の熟語集の形式は、単なる丸暗記を強要するものでしかないのだが、「どうすれば試験で役に立つ覚え方ができるか」ということを真剣に考えていくと、従来の熟語集とはまったく違ったスタイルが必要になってくる。

“熟語の丸暗記”を放棄した合格者は、この300熟語で合格を手にしている

それでは、私たちが実施した熟語アンケートの調査方法と結果についてお話ししよう。

まず私たちは、過去の入試問題のデータに加えて、合格者が実際に使っていた参考書に出てくる熟語を一語一語取り出して、これを基礎データとした。そのなかには、もちろん巷で有名な熟語集や参考書はほとんど網羅されている。こうしてできあがったデータは、約3500語になった。

これを4月から5月にかけて、まだ受験勉強の余韻の残っている東大の新入生に見せ、どれを覚えていて、どれを知らないかをチェックしてもらった。覚えていた熟語の場合には、どのような訳で覚えているのか、なぜ重要だと考えるのかも、一つひとつ聞いていった。さらに「これは知っておくべきだ」「これは知らなくてもいい」という重要度の分類もしてもらった。

調査した東大生は、のべ480人にのぼった。その結果、覚えていた熟語数については、全体の80パーセントが300から400までの間に集中していた。

さらに、「知っておくべき熟語」として指定された熟語の数の平均をとってみると、346という結果になった。お

もしろいのは「覚えていた熟語」と「知っておくべき熟語」が、ほぼ重複していたことだ。これは、彼らが「知っておくべき熟語」だと感じているものだけを「覚えていた」ということ、つまり、知ってもムダと感じている熟語は無視しているということなのである。

これらのデータにさらに分析を加えた結果、受験生として必要な熟語は300であるという結論に達した。これはたとえば、on duty, off duty などの熟語を、セットで覚えるべき一語としてまとめたり、be open to や apply to のように、単語の意味さえとれれば試験では問題ないような熟語を省いたりして、最終的に残った約350の熟語を無理なく整理していった結果である。

なお、熟語として覚えるよりも、単語として覚えておいたほうがいいものについては、『合格英単語600』に収録されているので、二冊を併用してもらえば、より効率的でムダのない勉強ができるものと考える。

この300熟語は、合格者が試行錯誤のすえにつかんだ“試験で点になる熟語”だ

ここで、誤解のないようにおことわりしておくが、この300熟語は、けっして合格者が“熟語集で覚えていた”ものではないということだ。

まえにも触れたように、合格者たちは、熟語集による丸暗記をほとんど実行していなかった。そのかわりに、彼らは模試や過去問、文法問題集、あるいは予備校の

授業やテキストなどを通して、それぞれの熟語の実戦的な使い方をマスターしている。

日々の受験勉強のなかで何度でもくり返し問題になり、得点を左右する重要な熟語から優先して身につけていき、たとえ「試験に出る」といわれても、めったにお目にかからない、そして得点に直接影響のない熟語は切り捨てている。

要するにこの300熟語は、合格者が試行錯誤のすえにつかんだ、"試験で点になる熟語"なのである。

もう一つ、誤解されないようにつけ加えたい。それは、「東大生が覚えていたのだから、これは東大など難関大学の入試にしか通用しない特殊な熟語ではないか」という疑問に対してだ。そう思う人は、2章以降の熟語をパラパラと見てほしい。難解な熟語ばかり出ているだろうか。

東大であろうが、早稲田であろうが、最近の入試では、昔に比べてむずかしい熟語や単語がはいった英文は急減している。そのかわり、基本的な文法や構文、熟語の類を重視して長文読解力を試すのが主流である。

そして、この300熟語もこうした"試験で点をとるため"の基本的な熟語であることがおわかりいただけることと思う。

東大合格者といえども、早慶をはじめ私立中堅大学をふくめて並願する時代である。彼らは私大の試験でもいい結果を出してくる。その意味でも、東大合格者が覚えていた熟語は、けっして特殊な熟語ではなく、どこの大学を受けるにも十分な質と量の基本的熟語だということを、ここであらためて確認してほしい。

2『合格英熟語300』の使い方・生かし方

熟語を“出る順”に覚えるのは、はっきり言ってムダな努力

これまで「なぜ英熟語は300で十分なのか」ということを中心に述べてきたが、つぎにこの熟語集の構成を紹介しながら、より効率的な本書の使い方・生かし方についてお話していこう。

2章以降のページを開いて見てほしい。左ページに演習形式の例文、右ページに熟語、訳、解説、演習例文の解答を載せている。ここに載せた情報で、キミたちが合格するためにムダなものは、なにひとつないと思ってもらってけっこうだ。それぞれの情報の“役割”については、もうすこしあとで述べるとして、本書の明確な方向性を理解してもらうために、300熟語がどんな順番で並んでいるのかを、まず説明しておこう。

市販の熟語集の多くが、“出る順”をうたい文句にしていることは、受験生のほとんどが知っているはずだ。しかし、この“出る順”は受験生のとって、なんのメリットもないことを、もう一度ここではっきり言っておきたい。

“出る順”というのは、過去の入試問題の英文中に、

出てきた回数の多い順に並べただけである。“試験に出た”ことは出たが、知らなくても直接点数を左右しない熟語もゴロゴロ混ざっている。一方で、ほんとうに重要な熟語には“不当に低い地位”しか与えられていないことも少なくない。これは、大いなるムダである。

たとえば、due to 〜という熟語がある。本書の47番目に載せている熟語だ。ところがある熟語集では、なんと933番目にやっと出てくる。

この熟語は、ほとんどの東大合格者が“最重要”のマークをつけた、基本熟語である。少々きついことを言うようだが、この熟語を知らずに受験をしようというのは、あまりにも虫がよすぎる。しかし前述の熟語集を使っていた場合、はじめの章からコツコツと暗記をしていって、最終章にこなければ、この重要な熟語に出会えないということになる。

だから本書では、こんなムダを排除するために、300の熟語を“点になる順”に並べた。

本書そのものが、試験で点をもぎとるために必要十分な情報を提供すること、受験勉強のムダを排除することを目的としているのだ。

つまり300熟語が、受験生なら絶対に知っておかなくてはならないものから、知っていると他の受験生に差をつけられるものへ、という順番に並べられているのである。ここは、私たちが本書をつくるうえでもっとも苦労したところであるが、それだけに“合格者がつかんだ熟語エッセンス”が生きている部分だと自負している。

演習例文のない熟語集など、いますぐ捨てたほうがいい

それでは、左ページと右ページのそれぞれの情報の“役割”のついてくわしく述べていこう。まず、左ページに載せた演習形式の例文である。

これまで何度も言ってきたように、熟語は丸暗記をしても本番では使えない。では、どうすれば本番に対応できる熟語力をつけることができるのか。私たちが東大合格者データをもとに導き出した結論は、「熟語は試験に出る形で覚えなければ意味がない」ということである。

つまり、熟語を英文から切り離して単独で暗記するのではなく、実際に“試験場でお目にかかる形”で問われるポイントを頭に叩き込むのだ。

「試験に出る形で覚える」ためのもっとも効率のいい手段が、演習形式なのである。この演習は、本番での頭の働きと同じ頭の働きを体験できる、“シミュレーションゲーム”だと思えばいい。くり返し読み、頭の中で（　）の中にはいる熟語をイメージしていくことで、問題を解くセンスが磨かれていくのだ。

もっと具体的に言えば、穴埋め問題に当たったとき、問われている熟語がすぐに浮かぶ。まぎらわしい前置詞の区別が容易になる。空欄補充問題から解釈問題まで、幅広く入試問題に対応できる実力が養われる。“英語カ

ン”が身につくといってもいい。この熟語集は、演習形式をとっていることで、10倍、100倍の効力を発揮するのである。

だからこの熟語集を使うときは、かならず（　）の中をイメージしながらくり返し、この例文を読むことを忘れないでほしい。

また、ここで載せた例文についても、すこし触れておこう。

パッと見ておわかりのように、どれも比較的簡単な例文である。英語がかなり苦手な受験生、また高1、2生でも、辞書に頼らず意味がとれ、だれでもいつからでも始められるだろう。

この例文は、一見簡単そうではあるが、英文を呼んでいくうえで、基礎となるもの、わかりやすくいえば、英文の基礎的な“要素”になっているものばかりなのである。

たとえば262番の熟語、get［keep］in touch with ～「～と接触をとる［保つ］」の例文。

I tried to get（　）（　）with the police.

つぎにあげるのは、早稲田大学（文1）の入試問題である。

［問］次のA,Bの文が同様の意味になるように最も適当な一言を（　）内に補い完成せよ。

A. I have been trying all day to reach Mr Taylor by telephone.

B. I have been trying all day to get (　)(　) with Mr Taylor by telephone.

正解 (in) (touch)

Bの文は、使われている名詞や、形容詞、時制などは多少異なるが、文章を構成している基本部分は、例文とほとんど変わりないことがおわかりいただけるだろう。これなどまさに、本書をやっていれば一発で正解だ。

結局、どんなに長くて難解な英文も、分解してみると、じつはこの本であげた例文に多少の装飾をつけたり、that や if で文章をつないだりしているからややこしく見えるだけの話なのである。長文を構成している“部品”の意味をつかめていれば、前後の関係から英文の“全体”の意味を類推していくことは、そう困難ではない。本書にあげた300の例文が、長文読解のキーになるのだ。

また、例文に含まれる文法や構文も、受験生にぜひ知っておいてもらいたいものを網羅した。熟語の勉強のみならず、この演習形式で“問題を解くセンス”が養われるというのは、こうした意味からである。また、例文を読んでいてわからない単語があったら『合格英単語600』で確認し、熟語力と同時に単語力も蓄える“二冊合体方式”をおすすめする。

「試験で何が問われるか」を示した100字解説から“合格者のエッセンス”を盗め

演習形式の例文がこの熟語集の一つ目の特徴だとすると、二つ目の大きな特徴は、これからお話する100字解説である。

直接本屋に足を運んでもらえばわかることなのだが、“覚えなければならない熟語数”を明確に打ち出している熟語集は数多くあっても“覚えなければならない熟語のポイント”を解説してくれた熟語集はほとんどない。熟語の「どこがいちばんたいせつなのか」「試験で何を問われるのか」を示さず、ただ「これだけ覚えろ」と熟語を示しているにすぎないのだから、これまでは、受験生は丸暗記に走るよりしかたがない。

しかも、熟語集によっては、基本的には熟語とその訳と例文というスタイルで通しながら、ときどき思いついたように、ある熟語に関してだけ、“注”という形で同義語や反意語、訳し方のコツなど、“ポイント”を解説しているものがある。これは、私たちから見ると、まったくおかしな話である。“解説すべきポイント”“問われやすいポイント”というのは、どんな熟語にもかならずあるものだからである。

たとえば、prefer A to B（14番）という熟語なら、熟語そのものより、to の部分がカッコになっていて、穴埋めを求められやすい。care for ～（105番）という熟語は、カッコを三つにして take care of ～ に置き換えさせる問題が頻出する。

熟語によってはまぎらわしい同義語、反意語を問われやすいものである。訳し方にコツがあるものなど（11ページの慶應大学の問題はその典型）は、それを知らないために、熟語の意味は覚えていても、どうしようもない場合も多い。

100字解説では、300熟語すべてについて、「試験で何が問われるのか」「何をどう覚えておかなければならないのか」を示した。これらの情報は、すべて東大合格者のデータがもとになっている。「こうやって覚えれば忘れない」という合格者の知恵や、受験生が陥りやすい間違いなど、自分の手で合格を勝ち取った合格者だからこそいえる“合格者のエッセンス”を、しっかりとつかみとってほしい。

受験生にとって“いちばんたいせつな情報”が、この熟語集ですべてそろう

この熟語集の中では、一つの熟語につき、一つの訳語というのが基本的なスタイルである。これが、もっともムダのない、要領のいい勉強に役立つと考えているからだ。たとえば、ある熟語集では、4つの熟語がこんなふうに示されている。

let alone
not to mention
not to speak of
to say nothing of
} ～は言うまでもなく

私たちが受験生時代にこの熟語集にチャレンジして、実際に感じたことなのだが、これを見ると「これ、全部覚えなきゃいけないの?」と、どうしても思ってしまう。どれも絶対に必要なのか、このうちの一つに絞るならどれなのか。受験生の知りたいところは、まさにそこだ。

この4つのなかで、受験生がぜひ知っておく必要があるのは to say nothing of である。強いてあげればつぎに not to mention。本書では to say nothing of を192番目に載せ、not to mention は解説のなかでフォローしている。これで十分受験に対応できる。同じ訳を持つ熟語のなかでも、もっとも受験で重要なものを絞りこむことで、受験勉強の大きなムダが解消される。

つぎに熟語の訳について触れておこう。『合格英単語600』のときもそうだったのだが、単語、熟語の訳をいくつも覚えなければならないような書き方をしている単語集・熟語集は、まったくのナンセンスと私たちは考えている。

その理由は明白で、熟語の使われ方は、さまざまな英文の中で、さまざまに変化するものだからである。それを全部頭に入れておかなくてはならないのなら、はっきり言って、私たちだってお手あげである。

本書では、東大合格者データの分析で、いちばん多く覚えられていた形、もっとも役に立ったという形の訳を載せた。つまり、「この熟語の訳は?」と聞いて、反射的に出てくる訳を採用したのである。“核”になる訳さえ覚えてしまえば、あとは、状況に応じてその場にもっともマッチした“点をとる訳”を考えていける。受験生にとって“いちばんたいせつな情報”は何か。丸三年かかって私たちが見つけ出した情報を、本書ではあますところなく紹介したつもりだ。本書に印刷されている活字に、ムダなものは何一つないことを、ここで強調しておこう。

演習形式と100字解説の“二本柱”で、キミの熟語力はいやでもアップする

最後になったが、本書を手にしてくれた受験生が、熟語力を確実に自分のものとしてもらうため、本書の効果的な使い方をまとめてみよう。

たいていの受験生は、はじめて本書の演習例文を見たとき、なかなか正解になる熟語が浮かんでこないはずだ。しかし、あせる必要はまったくない。演習例文に目を通してわからなかったら、つぎに右ページに移って、熟語、訳、100字解説をじっくりと読んでいく。これをくり返すことで、ムリなくキミの頭に熟語の記憶は残っていく。

このとき、くれぐれも注意してほしいことが二つある。一つ目は、演習例文のカッコのなかに解答を書きこまないこと。二つ目は、熟語、訳語、100字解説をかならずワンセットで読んでいくことだ。いつもワンセットにして読む習慣をつけることで、記憶の定着はさらに高まり、同時に“試験で点をとるコツ”も磨かれていくのである。

本書は2色刷となっているので、赤いシートを敷くと、解答だけでなく、100字解説中にある、覚えておきたい熟語、単語、訳などもチェックできるようになっている。キミもぜひチャレンジしてほしい。

また、巻末に二つの索引、「ABC順・チェック索引」「同義語・関連語グルーピング索引」をつけた。「ABC順・チェック索引」は、チェック機能を最大限に生かし、覚えるまで確認する"つぶしの手段"として使ってほしい。「同義語・関連語グルーピング索引」は、一度はまとめて見ておきたい熟語を、タイトルをつけて整理したものだ。

300熟語をより早く、より正確に頭のなかに叩き込むため、いろいろな角度からアプローチできるようにと考えてつけた索引だ。この二つの索引をどうか縦横無尽に駆使して、300熟語を完全に自分のものにしていただきたい。

キミがいま受験をひかえた高3生だろうが、高1,2生だろうが、本書を手にしたのなら、いますぐに本書を開き、かたっぱしから熟語にトライしていってほしい。本書が効率のいい受験勉強と、志望校合格を確実に約束する。

本書を使うときの注意

①左ページの演習例文は、読みながら(　　)の中にはいる熟語がスラスラと言えるようになるまで、くり返し練習してほしい。

②左ページの演習例文の解答は、右ページの解説の右下に載せている。例文は"生きた英文"なので、動詞なら過去形や現在進行形など、語形変化した状態で正解になる場合もある。

③右ページに赤いシートをあてると、解答および、解説のなかの重要語がかくれるようになっている。シートをあてた状態で何回もくり返し読めば、しぜんと熟語とそれに関する重要語が身につくだろう。

〈右ページの熟語の表記方法〉

①その語句等が他の語句等で置き換えられる場合には、[　　]で示した。

【例】a good [great]deal of ～
→ a good deal of ～
= a great deal of ～
＊どちらで表記しても可。

②文章では省略されて用いられることがある語句等は、(　)で示した。

【例】give way(to～)
＊実際の文章では、to～が省略されて用いられることもある。

2章

合格者が実感した!

きょうから即役に立つ100熟語

1

最初は、彼が誰だかわからなかった。
I didn't recognize him(　　)(　　).

2

私は病気のために学校を休んだ。
I was absent from school(　　)(　　) illness.

3

大変暑い日だった。実際、40°C以上もあったのだ。
It was very hot ;(　　)(　　)it was more than 40°C.

4

私達の上司は聡明で勇敢で、何より親切だ。
Our boss is wise, brave and(　　)(　　), kind.

1 at first

「最初は」

簡単に訳せそうな熟語ほど、意外にひっかかりやすいので注意。この場合は、for the first time「はじめて」(→5)と意味の区別を完全につけておくのがポイント。at first は時を表わす前置詞の“at”があるので、「最初の時」すなわち「はじめは」の意味と考えれば区別しやすい。

(at) (first)

2 because of ～

「～のために」

because of はひとまとまりで前置詞句として働くので、ofの後には名詞、動名詞がくるのがポイント。したがって並べ換えや言い換え問題で of が使えない場合には、because ＋ S ＋ V として完全な節を作る必要がある。例文なら“I was absent from school because I was ill.”となる。

(because) (of)

3 in fact

「実際は」

訳としては、「実際は」とか「本当は」などとすれば十分だが、文脈を読み取るときのキーになる重要な表現だ。例文のように何かを強調したいときや、事実関係のポイントを述べたい文に使われる。長文読解では、このような、文にメリハリをつける表現に気をつけることで速読力が増す。

(in) (fact)

4 above all

「とりわけ」「何よりも」

直訳すると「全ての上に」なので、「他の何よりも重要である」ことを表す。この熟語の後ろに続く内容が重要な情報となるため、長文読解時、文中にこの熟語が出てきたら後続の内容に注意して読む必要がある。例文では「親切である」ことを強調している。

(above) (all)

5

私ははじめて日本に来た。
I came to Japan (　)(　)(　)(　).

6

結局は君が正しかった。
You were right(　)(　).

7

すぐに帰ってきてください。
Please come back(　)(　).

8

この薬があなたの病気を治すでしょう。
The medicine will(　)you(　) your disease.

5 for the first time

「はじめて」

文字通り訳せば、「最初の時として」すなわち「はじめて」の意味が読みとれる。こうしておけば、at first「最初は」(→1)との区別も容易になる。ただし、穴埋めや作文など、書かせる問題も多いので、例文まで含めて間違いなく記憶しておきたいところだ。

(for) (the) (first) (time)

6 after all

「結局は」

直訳すれば「すべての後に」、つまり「結局は」ということになる。この語が出てきたら、そこにはすべての結末、結論が書いてある可能性が大きい。意味的には、「いろいろとやってみたが、結局は…」という消極的ニュアンスが多いのを知っておくと、訳出の際にグンと有利になる。

(after) (all)

7 at once

「すぐに」「同時に」

二つの訳語があり、「すぐに」のほうは一語で言うと immediately。もっと簡単に言うと soon。「同時に」のほうは、once「一度」の意味に、時の前置詞 at がついて「(時間的に)一度に」となったと考えればいい。こちらは熟語というより、むしろ文脈から判別するほうが容易。

(at) (once)

8 cure A of B

「A の B を治す」

rob A of B の of と同様に、ここでの of は「分離」を表す。「A(人物)から B(病気)を取り除く」というニュアンスだ。of を from としないように気をつけよう。
→ cure B by means of A　A によってBを治す

(cure) (of)

9

私は母から毎月便りをもらう。

I(　)(　)my mother every month.

10

スポーツだけでなく音楽も好きだ。

I love music(　)(　)(　)sports.

11

彼はまったくテレビを見ない。

He does(　)watch television(　)(　).

12

君はできる限り早く家に帰ったほうがいい。

You had better go home(　)soon(　)(　).

9 hear from～

「～から便り(連絡)がある」

訳を忘れても単語自体から意味はだいたいわかるが、ここはやはり「～から便り(連絡)がある」とキッチリ訳したい。穴埋め問題では hear of ～「～(のうわさ)を聞く、耳にする」と混同することもあるが、from が「～から」、of が「～について」と考えれば、区別は容易にできる。

(hear)(from)

10 A as well as B

「Bばかりでなく Aも」

B ではなく、A に重点を置いた表現。この点で not only A, but also B「A だけでなく B も」(→13)とまったく逆であることに注意。当然、"I as well as you am hungry."「あなたと同様に私も空腹だ」のように、主語にこの表現がきたときの動詞は、A に呼応する。

(as)(well)(as)

11 not …at all

「まったく…ない」

at all が not を強め、never と同じ完全否定の意味になる用法。例文も"He never watches television."と書き換えが可能。not がなければ疑問文では「いったい…」、if 節では「どうせ…なら」という別の意味になってしまうから、まずは冷静にnot を探そう。読解はそこからだ。

(not)(at)(all)

12 as ～ as possible

「できる限り～」

as ～ as の比較表現が基本にある。当然、～の部分には副詞か形容詞がはいり、「できる限り～」がこの熟語の意味。よく出るのがas～as one can との書き換え。例文は"You had better go home as soon as you can."と書き換え可能。穴埋めではカッコの数に要注意だ。

(as)(as)(possible)

13

彼女は美しいだけでなくみんなにやさしい。
She isn't(　　)beautiful(　　)(　　) kind to everybody.

14

私はスキーより水泳のほうが好きだ。
I(　　)swimming(　　)skiing.

15

私は昨日夜更かしした。
I(　　)(　　)(　　)last night.

16

彼はこの試合に勝ちそうだ。
He is(　　)to win this game.

13 not only A but also B

「AだけでなくBも」

ポイントは A ではなく B に重点が置かれている点で、これが主語の部分に来た場合、動詞は B に呼応する。but also 以下をしっかり読みとって訳さないと点はもらえない。only と alsoは省略されることもあり、また not と but がかなり離れていることもある。引っかけ問題によくある。

(only) (but) (also)

14 prefer A to B

「BよりAのほうを好む」

動詞の prefer「～を好む」が、比較表現でありながらthanでなく to を使う点がポイント。ただし意外に盲点なのは A, B に to 不定詞がくるとき。このときの比較には、to でなく rather than を使う。例文は“I prefer to swim rather than to ski.”となる。

(prefer) (to)

15 stay up late

「夜更かしする」

stay（～のままでいる）＋ up（起きている）＋ late（遅く）を合わせて「夜更かしする」という訳が出る。sit up late という熟語でも同じ意味を表すことができるので、合わせて覚えておこう。

(stayed) (up) (late)

16 be likely to ～

「～しそうだ」

この熟語は、きちんとした日本文に訳せることがまず第一。試験では「～しそうだ」と訳すコツを知らないと、点のとれる和訳にならない。また、It を主語にした書き換えも頻出。例文は“It is likely that he will win.”となる。It…that 構文だが、未来を表す will を使う点に注意。

(likely)

17

母はいつも私に約束を守るように言う。

My mother always tells me to (　) (　) (　).

18

その理論は一般に認められている。

The theory is accepted (　) (　).

19

要するに、彼はあまりにも正直すぎた。

In (　), he was too honest.

20

人の威光を笠に着るものではない。

One should stand (　) (　) (　) merits.

17 keep one's word

「約束を守る」

keep(保つ)+ one's word(自身の言葉)を合わせているので、「言ったことを守る」=「約束を守る」と変換する。対義語句は break one's word 「約束を破る」があるので合わせて覚えよう。

(keep) (my) (word)

18 in general

「一般に」

副詞 generally で置き換えられる。訳は「一般に」でいいが、文脈によっては「普通は」(=usually)などと訳してもいい。注意すべきは複数名詞とセットのときで、たとえば people in general なら「たいていの人々」、women in general なら「たいていの女性」となる。

(in) (general)

19 in short

「要するに」「つまり」

意味としては、文字通り「手短に言えば」といったところ。「要するに」「つまり」など文脈に応じて訳し分ければいい。類義語も多いが、二語なら in brief、三語なら in a word がある。まとめて覚えて、それぞれ出てきたら訳せるようにしておこう。

(short)

20 on one's own

「(すべて)独力で」

「独力で」となると孤独感がありそうだが、この場合は「思うがままに」という意味が含まれる。学ぶことは苦しくても楽しい。To learn on ones own(独力で学ぶ)。同意語に by oneself がある、To learn something by oneself(学問を自力で修める)。I did it by myself.(独力でやったのだ)

(on) (one's) (own)

21

彼は少なくとも月に10冊は本を読む。

He reads(　)(　)ten books a month.

22

まずはじめに宿題をやりなさい。

Do your home work(　)(　)(　).

23

私はまだビジネスレターを書くことに慣れていない。

I am not(　)(　)writing a business letter, yet.

24

昔はよくビールを飲んだものだ。

I(　)(　)drink beer.

21 at least

「少なくとも」

least が形容詞 little の最上級であることを、知らなかった人は覚えておこう（ちなみに比較級は less）。反意語は at most「多くとも、せいぜい」。比較級を使った書き換えとして頻出し、ちょっとむずかしいが、例文は“He reads not less than ten books a month.”と書き換え可能。

(at) (least)

22 first of all

「まずはじめに」

文章のはじめに置くことで強調する使い方は、“to begin with”と同じだが、日本語から英語にするときには「すべてに優先して」[まず最初に]という表現から“first of all”のほうが覚えやすい。もちろん置き換え文として同時に使えるようにしておこう。“at first”と混同しない。

(first) (of) (all)

23 be used to ～

「～に慣れている」

同意語として be accustomed to ～ と書き換えることができる。この to は前置詞なので、後には動（名）詞がくる。行為に重点を置くと get used to ～「～に慣れる」となる。ポイントは、助動詞の used to（＋動詞の原形）との区別。こちらは「～したものだ」の表現（→24）で、意味も用法もまったく違う。

(used) (to)

24 used to ～

「（以前はよく）～したものだ」

used to ひとまとめで、過去の状態や習慣を表わす助動詞である。したがって～の部分には動詞の原形がはいり、「以前はよく～したものだ」の意味になる。また、このウラには「現在はそうではないが」という意味があるので、和訳の際はこの辺のニュアンスを表現できれば完璧だ。

(used) (to)

25

そのときメアリーが君を探していたよ。

Mary was (　　) (　　) you at that time.

26

結論として、未来を予言するのは難しい。

(　　) (　　), it is difficult to predict the future.

27

多くの危険があるにもかかわらず、ラグビーは大変人気がある。

(　　) (　　) (　　) many dangers, rugby is very popular.

25 look for ～

「～を探す」

単純に「～を見る」なら look at だが、「探す」となると look for ～ になる。この for は「求める」の意味の用法で、ask for ～「～を要求する」の場合と同様である。「探す」の意味では search があるが、search for ～「～を捜す」、in search of ～「～を捜して」も頻出。

(looking) (for)

26 in conclusion

「結論として」

訳に「結論として」とあるわけなので、長文内にこの熟語が使われていたら当然筆者の考えや意見・主張が来る。この熟語が出てきたら文章の要点と考えよう。→ say in conclusion 最後に一言を言う

(In) (conclusion)

27 in spite of ～

「～にもかかわらず」

spite 自体の意味は知らなくていいが、この熟語は全文訳や穴埋めなどにやたらと出る。文中に出てきたときは、「～にもかかわらず結局どうなの?」と考えながら読むと文脈がとりやすい。一語で書き換えるなら despite ～。こちらは長文問題で頻出だが、同じ意味だと覚えておこう。

(In) (spite) (of)

28

新聞によると、昨夜大火事があった。
(　　)(　　)the newspaper, there was a big fire last night.

29

それどころか(反対に)、私はあなたが実際にそのことを知っていると思う。
(　)(　)(　), I think that you do know about that.

30

私はドイツ語の代わりにフランス語を勉強した。
I learned French(　)(　)German.

31

なぜコンピューターが必要なのですか。
(　)do you need a computer(　)?

28 according to ～

「～によれば」

according だけで単独で出ることはまずない。名詞、代名詞を伴って according to ～ の形か、節を伴って according as SV, …の形のどちらかである。訳し方は文脈によって「～に従って」などいろいろだが、「～によれば」を出発点として考えればほとんど対応できる。

(According) (to)

29 on the contrary

「それどころか(反対に)」

この熟語は文全体を修飾し、相手の話などに反対して「それどころか」という意味を表わす。よって、前置詞＋名詞の普通の用法である to the contrary「それと反対の」と区別すること。こちらは“The fact is to the contrary.”「事実はそれと反対です」のように、熟語でもなんでもない。

(On) (the) (contrary)

30 instead of ～

「～の代わりに」

instead of は前置詞句であり、of の後には名詞や動名詞等がくる。差がつくのは、of 以下が省略されている場合の訳。“I learned French instead.”「私は代わりにフランス語を習った」。意味のとらえ方はまったく同じなので、あわてなければ問題はない。

(instead) (of)

31 what ～ for

「なぜ・どうして」

what(何)+for(～のために)で合わせて「何のために」＝「なぜ」と考えよう。もちろん why と言い換えることが可能だが、この場合「原因」ではなく「目的」を尋ねていることに注意しよう。

(What) (for)

32

あなたのお母さんはどんな人ですか。

(　　)(　　)your mother(　　)?

33

彼女に遅刻したことを謝らなければならない。

I must(　　)(　　)her(　　)the delay.

34

彼の最新作は来月出版される。

His latest novel will(　　)(　　) next month.

35

あなたはその競技に参加するつもりですか?

Are you going to(　)(　)(　)the contest?

32 what is ～ like

「どのような」

what(何)+like(～のような)を合わせて「何のような」=「どのような」という意味となる。基本的に be 動詞とともに使うことが多い。疑問文の場合 like は主語の後に来ることに注意!
→ what war is realy like　戦争は実際どういうものなのか

(What) (is) (like)

33 apologize to ～ for …

「AにBのことを謝る」

正誤問題で頻出の熟語で、「相手には"to"」と「内容には"for"」を使うということがポイント。覚えていれば、正誤問題で I apologized him for the delay. とか I apologized him to the delay. とか書いてある英文はすぐに誤りと判断できる。

(apologize) (to) (for)

34 come out

「(花が)咲く」「出版される」

out「(中から)外へ」がついているのがポイント。例文の「出版される」は「世に出る」というニュアンスで使われている。また、「つぼみから花が外へ出る」から「咲く」という意味もあり、同様に「(事件の真相が)明るみに出る」「現れる」など様々な訳が可能だ。

(come) (out)

35 take part in ～

「～に参加する」

基本的で覚えやすい熟語だ。しかも出題の頻度も長文、穴埋めとかなり高いので、確実な得点源にできる。ただし試験で忘れてならないのが、take part in ～ = participate in ～ の書き換え。この二つは一方からもう一方がすぐ連想されるように、対にして覚えてしまうこと。

(take) (part) (in)

36

正直に言うと、私は孤独だった。
(　)(　)(　)(　), I felt lonely.

37

彼は最近そのゲームに夢中になっている。
He(　　)(　　)(　　)the game lately.

38

彼はうそをつく傾向がある。
He(　)(　)tell lies.

39

私は彼女が私を見ていることに気づいた。
I(　　)(　　)(　　)her looking at me.

36 to tell the truth

「正直に言うと」

文法的には独立不定詞と呼ばれる用法だが、慣用表現として覚えておけばいい。和訳では、文全体にかかるように「正直に言うと、…」と訳す。同意語句に“the fact is (that)…”と“as a matter of fact,…”(→140)がある。いずれも「実を言うと」の意味なので、まとめて知っておこう。

(To) (tell) (the) (truth)

37 be absorbed in ～

「～に熱中する」「～に夢中になる」

absorb は、もともと「～を吸収する」から「人を夢中にさせる」という意味がある。例文では、「彼がゲームに夢中にさせられている」＝「彼がゲームに夢中になっている」と捉えよう。同意語として be into～ や be crazy about～ などで書き換えられる。

(is) (absorbed) (in)

38 tend to 不定詞

「～する傾向がある」

傾向を表わす重要熟語として、他に be apt to 不定詞(→42)、be likely to(→16)があり、tend to と合わせて三点セットで覚えてしまえば完全。その際、tend だけが動詞なのでbe動詞が不要。並べ換えや穴埋めでは、この be の有無が問題を解くカギになりやすいので、知っていると有利だ。

(tends) (to)

39 be aware of ～

「～に気づいている」「～を知っている」

「既に分かっている・気づいている」といったニュアンスの熟語だ。of 以下は that 節で書き換えて、I was aware that she was looking at me. と表すことも出来る。

(was) (aware) (of)

40

ニューヨークにいたとき、私は偶然古い友人に出会った。

When I was in New York, I(　　)(　　)meet my old friend.

41

ひどい風邪が、まだ抜けない。

I have not(　　)(　　)(　　)my bad cold yet.

42

若い人は時間を浪費する傾向がある。

Young people are(　　)(　　)waste time.

43

彼らはお互いに無関心を装った。

They pretended to(　　)(　　)(　　)each other.

40 happen to ～

「偶然～する」

下線部訳で頻出。happen「起こる」だけ知っていても、「偶然～する」の訳はなかなか出てこない。S happen to ～ のほか、非人称の It を主語にして It happened that SV. の形もよく出てくるが、訳はまったく同じで、「(Sは)偶然～する」となるから問題はない。

(happened) (to)

41 get rid of ～

「～を取り除く」

rid はこの熟語以外ではまず出てこない。何かやっかいなものを「取り除く」ときに用い、穴埋め問題では最頻出。ポイントは分離を示すofで、rob 人 of ～「人から～を奪う」(→152)の of と同様。まれに be rid of ～ も出るが、「～がなくなる」と状態を表わすように訳せばいい。

(got) (rid) (of)

42 be apt to 不定詞

「～する傾向がある」

apt は、試験では“be apt to 不定詞”の形でしか出てこない。tend to 不定詞(→38)、be likely to ～(→16)と合わせて、傾向を表わす重要熟語。apt 自体は形容詞「～しがちな」の意味で、likely と同義だ。文脈によって、「～しそうだ」の訳もあてはめられるようにしておけば差がつく。

(apt) (to)

43 be indifferent to～

「～に無関心だ」

in(否定)+ different(異なる)だから「～と同じ・似ている」と間違えがちだが indifferent にその意味はない。全く別物と考えた方がよいだろう。したがって対義語は be the same as ～ や be similar to～ ではなく、be interested in～ や be concerned about～ となる。

(be) (indifferent) (to)

44

君に会うのを楽しみにしている。

I am(　　)(　　)(　　)seeing you.

45

あなたの時計は私のより質の点ですぐれている。

Your watch is(　　)(　　)mine in quality .

46

私はその女性を記者だと考えていた。

I(　　)(　　)the woman(　　)a journalist.

47

彼の試験の成功は努力のおかげである。

His success in the examination is (　　)(　　)his efforts.

44 look forward to ～

「～を楽しみに待つ」

会話文や手紙文で頻出の表現。forward が「前方に」の意味だから、「前の方（これから先のこと）を楽しみに見る」というイメージで覚えるとラク。また、to は前置詞なので、その後には動（名）詞がくるから注意。穴埋めで to の後に動詞がくるようなときには、かならず、～ing（動名詞）にすること。

(looking) (forward) (to)

45 be superior to ～

「～よりすぐれている」

きわめてよく出題されるが、その理由は「～より（も）」という比較の意味にもかかわらず、than ～ ではなく to ～ を用いるため。穴埋めでは、くれぐれも superior than ～ などとしないこと。反意語 be inferior to ～ も同様に頻出なので、対にしてマスターしよう。

(superior) (to)

46 think of A as B

「AをBだと考える」

think of ～「～のことを考える」に補語の印の as がきて、「A is B であると考える」の意味になる。as を is に置き換えてみると意味がとりやすい。例文では、「the woman is a journalist だと私が think of する」と考えるのが基本。regard A as B（→87）もまったく同様。

(thought) (of) (as)

47 due to ～

「～のために（原因）」

because of ～ （→2）と同じと考えるとわかりやすい。因果関係を表わす熟語なので、文脈をとる際のキーになる。当然下線部訳でも頻出だが、まずは文意をしっかりつかんでから適当な日本語表現を探そう。「～のおかげで」（好ましい状況のとき）などの訳も知っておくと、さらに訳しやすくなる。

(due) (to)

48

彼の車は新車同然に見える。
His car looks (　　) (　　) (　　) new.

49

喫煙はガンの原因となるかもしれない。
Smoking may (　　) (　　) cancer.

50

この絵はあの絵に匹敵するほどの価値がある。
This picture is (　　) (　　) that one in value.

51

私の意見は君のと似ている。
My opinion is (　　) (　　) yours.

48 as good as ～

「～も同然、ほとんど」

「ほとんど」の単語に almost と nearly がある。almost all（ほとんど全部）やnot nearly（全く～しない＝not at all）と使われる。また「～も同然」の熟語に all but があり、He was all but dead（彼は死にそうだった）となる。As good as finished（終わったも同然）、as good as ones word（約束を守る）も覚えおきたい。

(as) (good) (as)

49 contribute to ～

「～の一因となる」

contribute 自体には「寄与する・貢献する」という意味があるが、共通しているのは「主語の名詞が目的語の名詞の原因となっている」ことだ。因果関係を表す語句は優先して覚えよう。
→ contribute to a community　コミュニティに貢献する

(contribute) (to)

50 be equal to ～

「～に匹敵する」

equal 自体に「等しい（イコール）の意味があり、ここから発展して「～に匹敵する」の意味が出てくる。下線部訳では、たとえば“I'm not equal to this job.”「私はこの仕事をする資格がない」などと、資格、能力に関しても使われるが、「匹敵する」をベースに文脈をとれば訳せる。

(equal) (to)

51 be similar to ～

「～と似ている」

穴埋めでは、similar 自体を選択させることがある。ポイントは similar には to が必要なこと。類義語の like（前置詞）や、resemble（他動詞）の場合は to が不必要なので注意しよう。たとえば、例文を like を使って書き換えると“My opinion is like yours.”となる。(→204）も注意。

(similar) (to)

52

彼女の冗談は笑わずにはいられない。
I(　　)(　　)laughing at her joke.

53

彼らは夜通し語り合った。
They(　　)(　　)talking all night.

54

そんなささいなことは問題外だ。
Such a trivial thing is(　　)(　　) the question.

52 cannot help ～ing

「～せざるを得ない」

cannot but ～(→102)と同じ意味だが、注意すべきは cannot help の場合は動名詞が後にくるということ。例文でも、動詞がもし“laugh”と原形だったなら(cannot)(but)がはいる。しっかり ～ ing をつけて覚えておけば、区別はできるはず。穴埋めでは頻出だから要注意。

(cannot) (help)

53 go on ～ing

「～し続ける」

動作の継続を表わす on が使われていることが最重要。keep on ～ing. carry on ～ing も同じ意味。どちらもムリに go や keep を訳す必要はなく、「～し続ける」とすれば OK。まれに go [keep] on with ～(～は名詞)の形も使われるが、意味は「(～し)続ける」で同じだから、神経質になる必要はない。

(went) (on)

54 out of ～

「～の範囲外で」

out of ～ は、～にはいる単語によっていろいろ使える重要な熟語だ。「～の範囲外」「～の外で」の意味が基本になる。out of the question「問題の外」→「問題外」、out of order「秩序の外」→「(機械などの)調子が悪い」、out of control「支配の外」→「制御不能」などが頻出。

(out) (of)

55

私は黒板を見るために眼鏡をかけた。
I(　　)(　　)my glasses to see the blackboard.

56

彼はオーバーを脱いだ。
He(　　)(　　)his overcoat.

57

時間通り(定刻)に着きます。
I will be(　　)(　　).

58

スピーチの中で、彼は企業の強さについて言及した。
In the speech, he (　　)(　　)the strength of the company.

55 put on ～

「(～を)身につける」

服やシャツだけでなく、帽子、メガネ、指輪まで「身につける」ものなら何でも使える。用途が広いので覚えてしまうと便利。類義語の wear が身につけている「状態」を示すのに対し、put on は身につける「動作」を示す。反意語は put off ではなく、take off ～(→56)になることも盲点。

(put) (on)

56 take off ～

「(～を)脱ぐ」

put on ～「身につける」(→55)の反意表現。脱ぐものは、「身につけていたもの」なら、同じくメガネでも指輪でも OK だ。take off には「(飛行機が)離陸する」の意味もあるが、文脈ですぐに判断がつくので心配はいらない。まずは「脱ぐ」を put on ～ とセットでマスターしておこう。

(took) (off)

57 on time

「時間通り(定刻)に」

on time は「予定していた時刻丁度を表す。対して、予定していた時刻より時間的に余裕がある場合は in time を使用する。例文にある通り“I wil be on time”「時間通りにつくよ」というフレーズでよく使われるほか、“To be on time, I ran”「時間に間に合うように走ってきた」のように“To be on time H(H時間に間に合うように)のフレーズもよく使われる。

(on) (time)

58 refer to ～

「～に言及する」「～を参照する」

refer だけで「(人や物などについて)言及する、参照する」の重要語。穴埋め問題では to が頻出する。また、refer が動詞であることは、意外に見落としやすいので要注意。名詞形の reference「参照」も、リファレンスブック「参考書」などと使うことも合わせて覚えておくこと。

(referred) (to)

59

そのお金はあなたが自由に使えます。
The money is(　　)(　　)(　　).

60

他方、多くの人間が若くして死んでいる。
(　　)(　　)(　　)(　　), a lot of people die young.

61

きのう学校に行く途中、偶然おじに会った。
I happened to see my uncle on (　)(　)(　)school yesterday.

62

その景色は言葉では表現できないほどだった。
The scenery was(　　)description.

59 at one's disposal

「自由に使えて」

disposal 自体は「処分・始末・売却」といった意味だ。つまり主語の名詞が「その人(one)しだいで処分・売却される＝その人の手中にある」ことを意味している。

→ a disposal bag　ゴミ袋

(at) (your) (disposal)

60 on the other hand

「他方(では)」

読解力のアップには欠かせない重要表現。文中に"on the other hand"と出てきたら、「『他方』というからにはそれに先立つ『一方』があるはず」と考えて文脈を整理すると、文意が驚くほどとりやすくなる。"on the one hand"「一方(では)」は対にして記憶しておきたい。

(On) (the) (other) (hand)

61 on one's way(to～)

「(～への)途中で」

way が本来の「道」の意味で使われている熟語。way の後には、on one's way home など場所を示す副詞がきたり、"to ～"と具体的な場所を示す名詞がくる。way というと、とかく「～の方法で」などとしないことだ。

(my) (way) (to)

62 beyond description

「(言葉では)表現できないほど」

穴埋め問題の頻出語句だが、beyond が「～を超えて」の意味をもつ前置詞であることがわかれば解答は容易。問題は下線部訳のときで、なかなかこなれた日本語にならない場合がある。例文でも、「言葉で表わせないほど美しい」などと説明的に考えるとうまくいく。

(beyond)

63

先生は私達に宿題を提出するよう言った。
The teacher told us to(　　)(　　) the assignments.

64

彼女の美しさに関しては、疑う余地がない。
There is no doubt(　　)(　　)her beauty.

65

あなたに会うとかならず母のことを考える。
I(　　)see you(　　)thinking of my mother.

66

私たちの思想は言葉によって表現される。
Our thought is expressed(　)(　)(　)language.

63 hand in ～

「～を提出する」

単語一語で言えば submit だ。hand は動詞で「手渡す」という意味があるので、「手渡しで提出する」というニュアンスで使われる。hand を動詞として使う他の熟語には、hand back「～を返す」や hand out「配る」などがあるが、全て「手を使う」イメージで理解するとよい。

(hand)(in)

64 as to ～

「～に関しては」

As for ～ と意味は同じだが、違う点は使われる場所。As for はかならず文頭にくるのに対して、as to は文頭でも文中でも用いられる。したがって、文頭ならばどちらでもいいが、文中に(　　)があったら as for ではなく as to を選ぶこと。同意語句の盲点のひとつだ。

(as)(to)

65 never … without ～ing

「…すると必ず～する」

和訳問題で差が出る熟語。never は「けっして…ない」、without ～ing は「～することなしに」だから、直訳は「～することなしにはけっして…しない」となる。が、否定の否定→積極的な肯定と考え、「…すると必ず～する」と訳すのが得点率アップのコツ。しっかりマスターしておこう。

(never)(without)

66 by means of ～

「～によって」

by だけでも「～によって」なのに、さらに means「手段、方法」を重ねたのがこの熟語。つまり、この熟語は後に続く「手段」を強調したいときによく使われる。それを知っておけば読解では大いに役立つはず。穴埋めでは、means の“s”を落とさないように要注意。

(by)(means)(of)

67

この飛行機は一度に400人の乗客を運べます。
This airplane is(　　)(　　)carrying 400 passengers at a time.

68

私は彼が当然来ると思った。
I(　　)it(　　)(　　)that he would come.

69

彼はこのコンピュータに精通している。
He is(　　)(　　)this computer.

70

あなたを見るとあなたのお母さんを思い出す。
You(　　)me(　　)your mother.

67 be capable of ～ing

「～できる」

穴埋め、書き換えでは頻出の表現。ポイントは be capable of ～ ing = be able to 不定詞＝ can ＋動詞の原形、の言い換えのマスター。穴埋めのときは、～ ing がきたら“be capable of”,to 不定詞なら“be able to”のように動詞の形を見てそれぞれを判断すればいい。

(capable) (of)

68 take ～ for granted

「～を当然のことと考える」

“～”の部分が長い場合は、“take it for granted that …”となるのが普通。このときの“it”は、that 以下を受けるので、訳は「(that 以下のこと)を当然のことと考える」とすればいい。とくに長文などでこの形が出てくると、意外に気づきにくいことがあるので注意したい。

(took) (for) (granted)

69 be familiar with ～

「～をよく知っている」

読んで内容がとれるかどうかが最大のポイント。和訳では「～と親しい」「～に精通している」など、文脈に応じて臨機応変にいきたい。注意すべきは be familiar to ～ との区別。こちらは、「～によく知られている」で、be familiar with ～ とは主語と目的語が逆になることも知っておこう。

(familiar) (with)

70 remind A of B

「AにBのことを思い出させる」

“remind”が、re(ふたたび)＋ mind(気にかける)で「思い出す」と連想できれば訳は簡単。たいせつなのは、前置詞の of で、穴埋めで問われることが多い。ただし、B が that 節になることもあり、そのときは of が省略される(remind A that …)から要注意。

(remind) (of)

71

雪のため飛行機は離陸できなかった。
The snow (　　) the airplane (　　) taking off.

72

その便は嵐のため欠航となった。
The flight was (　　) (　　) because of the storm.

73

他人のあらさがしをするのは止めなさい。
Stop (　　) (　　) (　　) others.

74

船は波のなすがままに漂った。
The boat drifted (　　) (　　) (　　) (　　) the waves.

71 prevent ～ from —ing

「～が—するのを妨げる」

prevent が to 不定詞をとらずに、“from —ing”をとるというのが、正誤問題や穴埋めの対象となるから注意。また例文のように、無生物主語がきたときの訳もポイント。「雪が…」と直訳せずに、「雪のために…」と原因・理由を示すように訳すのがコツ。例文で再確認しよう。

(prevented) (from)

72 call off

「～を中止する」

知らなければ訳せないので丸暗記しよう。同意語として cancel の1語で言い換えられる。また、紛らわしいものに put off(→221)がある。こちらは put(移動)+ off(離れて)なので「予定から離れたいちにする」=「延期する」となっていると覚えれば区別できるだろう。

(called) (off)

73 find fault with

「文句を言う・けちをつける」

find(見つける)+fault(欠点)+with(相手)の組み合わせで、例文のような訳となる。書き換え問題では criticize との言い換えで出題されることがあるので、単語も合わせて覚えよう。

(finding) (fault) (with)

74 at the mercy of

「～のなすがままに」

mercy「慈悲」から連想するのは難しいので、このまま丸暗記してしまおう。「～のなすがまま」という訳以外にも、「振り回される」や「翻弄される」のような訳もできる。
→ without mercy　無慈悲に

(at) (the) (mercy) (of)

75

買い物に行くよりも、むしろ家にいたい。
I(　　)(　　)stay at home(　　)go shopping.

76

彼はよく新しいアイディアを思いつきます。
He often(　　)(　　)(　　)new ideas.

77

軍が彼らの自由を奪った。
The army(　　)them(　　)their freedom.

78

私の息子はいまだにサンタクロースがいると信じている。
My son still(　　)(　　)Santa Claus.

75 would rather ～ than …

「(どちらかといえば)むしろ…より～したい」

和訳問題では than 以下が省略されていることもあるが、その場合は「(どちらかといえば)むしろ～したい」とだけ訳せばいい。穴埋めのポイントは、would を選択できるかどうか。「できれば～したい」という推量が加わるために、will ではなく would なのだと覚えよう。

(would) (rather) (than)

76 come up with

「考えつく」「思いつく」

ふと「考えつく」、「思いつく」という意味を表す。新しい考えを思いつく際にこのフレーズがよく使われる。"Come up with"は"an idea"や"new ideas"のような言葉を後ろにともなって使用されることが多いので、穴埋め問題では要チェックだ。

(comes) (up) (with)

77 deprive ～ of …

「～から…を奪う」

「から」の訳語に引きずられて from を使ってはいけない。rob ～ of …(→152)の of と同様に分離を表す of である。また、rob(窃盗などの不法手段)と異なり deprive は「権利の侵害」を表している。したがって、上の例文の deprive を rob に変えることはできない。

(deprived) (of)

78 believe in ～

「(～の存在、～の価値を)信じる」

believe ～ でも「信じる」だが、"believe in"だと、「～の存在や価値を信じる」というやや強い意味を表わす「信仰」に近くなってくる。訳では、この微妙な違いに神経を使う必要はないが、知っておけば文意の理解には差がつく。穴埋めでは"in"を入れて、しっかり点を稼ごう。

(believes) (in)

79

この列車にはかなり多数の乗客が乗っている。
There are (　　　) (　　　) (　　　) passengers on this train.

80

君は、故意に間違いを犯したんだね。
You made the mistake (　　) (　　), didn't you?

81

彼女は一生懸命勉強してクラスの人に追いつかねばならなかった。
She had to study hard to (　　　) (　　) (　　) her classmate.

79 not a few

「少なからぬ」

a few に not がついて「すこしではない」→「少なからぬ」となるが、意味は quite a few「かなり多くの」と同じと考えていい。また「量」については not a little「少なからぬ」があるが、考え方は同じ。数と量のニュアンスの違いは、日本語に訳せばあまり影響ない。

(not) (a) (few)

80 on purpose

「故意に」

by chance や by accident「偶然に」(→101)とは反意的な熟語。purpose　自体「目的」だから、直訳すると「目的をもって」。前置詞 “on” が問われることが多いから確認しながら覚えよう。また、for the purpose of ～ing には the がつくが、こちらはつかないので要注意。

(on) (purpose)

81 catch up with ～

「～に追いつく」

come up with ～(→76) でも同じ意味を表わすことがある。(　)が3つなら、どちらを入れても間違いはない。しかし似た形でも keep up with～(→245)だと、「～に遅れずについていく」となって、ニュアンスが違う。“keep　～” のほうは、その時点では遅れていないことを示しているから注意しよう。

(catch) (up) (with)

82

彼らの計画は失敗に終わった。
Their plan (　　) (　　) failure.

83

彼女はそれについてすべてを知っているかのように話す。
She talks (　　) (　　) she knew all about it.

84

外交官は錠剤の必要がないほど回復した。
The diplomat got well enough to (　　) (　　) pills.

85

彼女は援助を切望していた。
She was anxious (　　) help.

82 result in ～

「～に終わる」

名詞の result は「結果」。これが動詞として出てくると、"in"を伴って「～(の結果)に終わる」の意味になり、この訳し方がポイントとなる。注意すべき別の表現に、result from ～ というのがあるが、これは文字通り「～からの結果である、～から生じる」とすればいい。

(resulted) (in)

83 as if …

「まるで…(である)かのように」

長文読解では欠かせない熟語。後に続く文には仮定法が適用され、例文のように過去形(内容は現在)や、過去完了形(内容が過去)が用いられる。"as"と"if"が離れていたらこの熟語ではないから、そこははっきりと区別すること。as though も同じ意味。

(as) (if)

84 dispense with ～

「～なしで済ます」

dispense 自体には他にも意味があるが、入試ではこの形で出てくるのがほとんど。「～なしで」の訳を見て without と書かないように注意しよう。同意語として do without ～ で書き換えが可能だが、これは do(する)+ without(～なしで)なので without を使うので区別しよう。

(dispense) (with)

85 be anxious for ～

「～を切望している」

anxious は「心配して」の意味の形容詞。この意味で使うときの前置詞はごく当たり前に about でいい。ところが例文のように「～を切望して」の場合が間違いやすく、"for"を使う。これは穴埋め問題で頻出。ポイントは for に要求の意味があることを知ること。これで容易に区別がつく。

(for)

86

この魚は毒がない。

This fish is(　　)(　　)poison.

87

私は彼を良い先生だと考えていた。

I(　　)him(　　)a good teacher.

88

彼は5年前、すなわち、12歳のときに東京へ来た。

He came to Tokyo five years ago, (　　)(　　)(　　)(　　), when he was twelve years old.

89

彼は午後9時にここへ来ることになっています。

He is(　　)(　　)come here at 9 p.m..

86 free from ～

「～がない」

「～から自由で」が文字通りの訳だが、これでは和訳の際、ほとんど点はもらえない。例文でも「この魚は毒から自由だ」では入試ではまず不正解だ。ここはやはり「～がない」という訳にしてガッチリ点を稼ぎたい。知ってさえいれば即点に結びつくので、訳を完全に覚えておこう。

(free) (from)

87 regard A as B

「A を B とみなす」

as は B が A の補語であることを示す目印である。例文では「He is a good teacher だと私がみなす(考える)」が基本の意味。regard を think of と置き換えても同様。この構文をとる熟語には look on A as B もあり、いずれも「A is B と思う(みなす、考える)」が基本。

(regarded) (as)

88 that is (to say)

「すなわち」

挿入句として使われ、「すなわち」と訳せばいい。これは熟語表現なので、例文でも過去のことだからといって“that **was** to say”などとしては不正解。和訳問題で出てきたら、挿入の構文であるのを見破ったことがわかるように、「すなわち」の両端に「,」を使うと採点官にもウケがいい。

(that) (is) (to) (say)

89 be supposed to 不定詞

「～する予定になっている」

動詞 suppose が「思う、考える」であることを知っていても、単純に受け身で「～と考えられている」としただけでは和訳の場合、正解にならない。ここはきちんと「予定」の意味であることを明確にしたうえで、訳文を書く必要がある。点差のつきやすい重要熟語だ。

(supposed) (to)

90

たいてい自動車事故は睡眠不足から起きている。
In most case car accidents( ) ( )lack of sleep.

91

彼はひとりで外国へ行ってしまった。
He has gone abroad( )( ).

92

しばらくの間、彼女は黙っていた。
She kept silent( )( )( ).

93

友情が仕事より大切なのは言うまでもない。
It( )( )( )( )friendship is more important than business.

90 result from ～

「～に起因する」

「～に起因する」という意味なので、物事の原因を説明する文章中に使われることが多い。“result”の word を含む熟語には重要なものが多いので、一通りおさえておくといいだろう。“result in ～”(→82)「～の結果に終わる」の他に“as a result”「結果として」も、おさえておこう。

(result) (from)

91 by oneself

「ひとりで」

「ひとりで」という訳には「ひとりぼっちで」(=alone)という意味と、「独力で」(=for oneself)という二つの意味があることを知っておきたい。例文は alone に置き換えられるほうの表現である。for oneself だと「自分自身のために」の意味もあり、多少ニュアンスも変わってしまう。

(by) (himself)

92 for a while

「しばらくの間」

while は「～の間」「一方」などの意味があるが、この場合は「しばらくの時間」という意味の名詞。名詞だから a をつけると覚えよう。これに前置詞が for(～の間)が加わり「しばらくの間」となる。前置詞を after(～の後で)に変えると after a while「しばらくしてから」となる。

(for) (a) (while)

93 It goes without saying that…

「…なのは言うまでもない」

It ～ that … の構文になってはいるが、慣用表現なので、知らないとなかなか訳しにくい。that 節の内容について、「言うまでもない」という意味で使われる。この表現は和訳はもちろんだが、穴埋めでもけっこう出る。したがって、すこし長いが完全に暗記しておくこと。

(goes) (without) (saying) (that)

94

去年の夏は雨が多かった。

We had (　　) (　　) (　　) (　　) rain last summer.

95

彼はヒツジとヤギの区別がつかない。

He cannot (　　) a sheep (　　) a goat.

96

私はプランを詳細に述べた。

I talked about the plan (　　) (　　).

97

彼の年齢を考慮に入れたほうがよい。

You had better (　　) (　　) (　　) his age.

94 a good [great] deal of ～

「多量の～」

数ではなく量の多さを示す熟語。だから of の後に続く名詞は、例文のように rain や snow, time などの不可算名詞。穴埋めの際は、単語自体は短くて簡単だが、カッコの数が多いから気をつけたい。とくに“a”などは「多量」という表現につられて、入れ忘れることがないように。

(a) (good) (deal) (of)

95 tell A from B

「A を B と見わける」

distinguish A from B と同じ意味。tell「言う」の訳では通らない英文があったら、from を探すといい。tell A from B の構文は比較的ラクに見つけられる。ただし、穴埋め問題では、動詞に tell を選択するのにかなりの勇気がいるので、熟語として知らないと困ることになる。

(tell) (from)

96 in detail

「詳細に」

“detail”単体で「詳細に述べる」という意味があるが、受験で問われるのは“in detail”「詳細に」の形がほとんだ。従って、“in detail”の形で丸ごと暗記してしまうといいだろう。余裕があれば“at length”「詳細に」もおさえておこう。反対語に“in brief”(簡単に)がある。

(in) (detail)

97 take account of ～

「～を考慮に入れる」

穴埋めや書き換えで頻出。目的語と account の位置を入れ換えた take ～ into account [consideration] は、絶対忘れないように。(→181)。例文では“You had better take his age into account [consideration].”となる。訳では「考慮」という表現を使いたいところだ。

(take) (account) (of)

98

どちらを選ぶかは、それは完全に君次第だ。
It is entirely (　　) (　　) you which one you may choose.

99

私はこのことには関係ありません。
I am not (　　) (　　) this affair.

100

その二国の間で、戦争が勃発した。
A war (　　) (　　) between the two countries.

98 up to ～

「～次第で」

up to は前置詞句で、「～まで（に）」の用法はごく普通。試験ではこれ以外に「～次第で」の意味がだいじだ。会話文で用いられるのがほとんどで、使い方も例文のように“it's up to 人”の形が定番である。熟語だと意識しないと意味もちょっと推測できないので、覚えておく必要がある。

(up) (to)

99 be concerned with ～

「～に関係している」

concern は入試の重要単語。まずは「～に関係する」の意味を頭にたたき込む。そのうえで、訳出の際は受け身であるにもかかわらず能動的に訳すのが最大のポイント。「～に関して（with）関係づけられている」＝「～に関係がある」と、言っている内容自体に変化はないことを理解したい。

(concerned) (with)

100 break out

「（火事、戦争、暴動などが）勃発する」

“break out”の主語には火事、戦争、暴動などの事件がくるから、ただ「起こる」ではなく「勃発する」と覚えたほうがわかりやすい。ただし、和訳の際は漢字がむずかしければ「突発」などと訳せばいい。一語で言い換えると occur か happen である。

(broke) (out)

調べた熟語は参考書の欄外に書き込め

参考書を使った英語の勉強では、まず自分のもっている単語や熟語、文法力を総動員して英文の意味をとらえていき、最後に全訳を見て自分の考えた訳が正解かどうかを確認する。間違っていたら解説を読んで、正解にいたる考え方を理解するというのが基本である。ここまでは、みなさんも実行していることだろう。

だが、ここから先が差がつくポイントになる。つぎのことを実行してほしいのだ。

①解説を読んで納得しても、本文中には印をつけず、解説のほうに赤ペンなどで印をつける。

②辞書や熟語集、単語集で調べたものがあるときは、その熟語なり単語を、参考書の下の欄外に書き込んでおく。

こうしておくと、つぎのようなメリットがある。まず、参考書の欄外を見ることで、自分が何を調べ、何を勉強したかがひと目でわかり、復習の効率があがる。さらに、あとで同じ単語や熟語が出てきたときに、欄外をパラパラ見ることで、どこでやったのかをチェックできる。何度も登場する熟語や単語を自分でチェックしながら、「何が重要なのか」を確認し、確実な記憶に結びつけることができるわけだ。

それでも不安なときは本文に戻るが、本文には印がついていないため、「わかったような気になる」のを防いでくれる。つまり、本文中の熟語などに印をつけてしまうと、その熟語だけが目に飛び込んできて、「文脈のなかで熟語がどう使われているのか」といういちばんだいじなポイントを素通りしてしまうのである。

3章

合格者が使いこなした！

●

実力アップを約束する100熟語

101

私は昨晩レストランで偶然先生に会った。

I met my teacher(　　)(　　)at the restaurant last night.

102

彼の招待は受けざるを得ない。

I(　　)(　　)accept his invitation.

103

彼はちっとも幸福ではない。

He is(　　)(　　)happy.

104

学生達は先生の講義にうんざりしていた。

The students(　　)(　　)(　　) the teacher's lecture.

101 by accident

「偶然」

一語なら accidentally。また by chance も同じ意味。ときおり「突然」と思い違いをしている人がいるが、そういう人は、by accident の反意熟語が on purpose「故意に、わざと」(→80) であることを覚えておこう。セットにして覚えておけば間違うことはない。

(by) (accident)

102 cannot but ～

「～せざるを得ない」

but に「～以外」という意味があることを知っておけば、「～すること以外はできない」＝「～せざるを得ない」と理解できるはず。but の後は動詞の原形。cannot help ～ ing (→52) も同じ意味だが、後に続く動詞が ～ ing であることで区別できる。穴埋めでは注意しよう。

(cannot) (but)

103 far from ～

「すこしも～でない」

単語から「～からほど遠い」→「すこしも～でない」→「全く逆だ」という意味になる。from の後に動詞がくるときは動名詞。形容詞や名詞がくることもある。関連した熟語に "not …at all" (→11) や "by no means" (→142) があるが、これらを対比させる穴埋めも出るから整理しておこう。

(far) (from)

104 be tired of ～

「～に飽きた・うんざりしている」

「～で疲れている」の be tired from ～ と区別しよう。どちらかというと肉体的な「疲れ」を表す際は from、精神的な「退屈・倦怠」を表す際は of というように前置詞を使い分けるのだ。また、be tired of ～ ＝ be bored with ～ と書き換えられることも覚えておこう。

(were) (tired) (of)

105

彼は父の死後、母の世話をした。

He(　　　)(　　　)his mother after his father died.

106

暴力に訴えてはいけない。

Don't(　　　)(　　　)force.

107

私はその問題についてよく考えた。

I(　　　)(　　　)the matter.

108

私は横浜で育った。

I was(　　　)up in Yokohama.

105 care for ～

「～の世話をする」

（　）が三つなら take care of ～（→8）。同じ care でもこちらは名詞として使われていることに注意したい。また、care about ～ は「～を気にかける」で、“He doesn't care about me.”「彼は私の言うことなど気にかけない」のように使う。まぎらわしいがセットで覚えてしまおう。

(cared) (for)

106 resort to ～

「～に訴える・頼る」

ここでいう「訴える」は「裁判を起こす」という意味ではなく「手段として頼る」という意味である。いわゆる「リゾート地」とも異なるので注意しよう。例文 without resort to ～　～に頼らずに
→ a health resort　保養地

(resort) (to)

107 reflect on ～

「～を熟考する」

reflect には「映す」や「反射する」という意味もあるが、例文のように「熟考する（よく考える）」という意味がある。この場合 on は「～について」といった意味で使われている。
→ I don't reflect　反省しない

(reflected) (on)

108 bring up ～

「～を育てる」

bring up を受け身にすれば「育つ」となり、例文のようになる。類似の熟語 grow up「成長する」（→92）で例文を書き換えると、“I grew up in Yokohama.”。bring up には「育てる」以外にも「（疑問、問題を）持ちだす」の意味もあるが、これは文の前後から類推できる。

(brought)

109

私たちの成功は君の努力にかかっている。
Our success(　　　　)(　　　　)your efforts.

110

彼が戻るまでにそれを片付けてください。
Put it away(　　　)(　　　)(　　　)he returns.

111

私は日本を去る決心をした。
I have(　　　)(　　　)(　　　)mind to leave Japan.

112

彼はある意味で芸術家だ。
He is an artist in(　　　)(　　　).

109 depend on ～

「～に頼る」

「～次第」「～による」など、文脈に合った訳し方が必要。on自体に「～に基づいて」の意味があり、穴埋めで"on"が問われることも多い。また、"That depends."「それは状況次第だ」という表現もよく使われるから知っておきたい。知らないと「何これ!?」と驚くことになる。

(depends) (on)

110 by the time S' V'

「S' が V'する時までに」

by(～までに)+ the time S' V(S' が V' する時)で「S' が V' する時までに」という意味となる。時を表す副詞節の中なので、未来のことでも現在形(returns)となることに注意!
→ by that time　それまでに

(by) (the) (time)

111 make up one's mind

「決心する」

make up だけなら「メイクアップ」つまり「化粧する、作り上げる」であるから、make up one's mind なら「心を作り上げる」、すなわち「決心する」となる。一言で言い換えると decide(または determine)。作文や穴埋めの際には、one's の部分を書き落とさないように注意してほしい。

(made) (up) (my)

112 in a sense

「ある意味では」

in a sense を直訳しても、「ある意味では」の訳は思いつく。重要なのは、不定冠詞の a が a certain「ある～」の意味で使われていること。穴埋めの際は、「ある～」の表現につられて他の語を選ばないように注意。in a way「ある意味では、いくぶん」の a もまったく同様。

(a) (sense)

113

木は酸素を放出する。

Trees(　　　)(　　　)oxygen.

114

彼は試験に受かるために一生懸命勉強した。

He studied hard(　　)(　　)to pass the examination.

115

今、勤務中です。

I am(　　)duty now.

116

彼らは前もって駅に到着していた。

They reached the station(　　)(　　).

113 give off

「～を発する」

off（分離）がついているので、主語となった名詞から目的語の名詞が離れていく様子をイメージしよう。上の例文だと「木から酸素が離れていく」＝「木から酸素が放出される」わけだ。このように、off を見たら「分離」を連想すると覚えるのが楽になる。take off（→56）の off なども同様。

(give)(off)

114 so as to 不定詞

「～するために（目的）」

目的を表わす不定詞を導く表現として、in order to 不定詞と書き換えることができる。穴埋めでも和訳でも間違えることは許されない。ぜひ知ってほしいのが、「～しないように」の否定の目的表現"so as not to 不定詞"。not のはいる位置に気をつけて覚えてしまおう。

(so)(as)

115 on duty / off duty

「勤務中で／非番で」

この on は「～に従事して」の意味。duty ＝「義務」だから、「義務に従事して」、すなわち「勤務中で」となる。反意語は off duty。これはスイッチの on / off からも類推できるだろう。和訳の際には、「非番で」の表現が思いうかばなければ、「仕事時間外で」などと工夫すればいい。

(on)

116 in advance

「前もって」

時間の前後関係を表わすので、文脈把握にはきわめて重要な熟語である。どういう事柄に対して「前もって」なのか、また「前もって」どうするのかをきちんと意識して読むクセをつけよう。一言で言えば beforehand。単に before では、「前もって」の意味が出ないので不適当である。

(in)(advance)

117

彼は大学に入れるように一生懸命勉強した。
He studied hard(　　)(　　)he(　　) enter the university.

118

私の弟は私とたくさん共通したところがある。
My brother has much(　　)(　　)(　　)me.

119

タクシーが故障したので、私たちは歩いて駅まで行かねばならなかった
As our taxi(　　)(　　)on the way, we had to walk to the station.

120

彼は多かれ少なかれ酔っていた。
He was(　　)(　　)(　　)drunk.

117 so that ～ may …

「～が…できるために(目的)」

“so that ～ may …”が基本形で、may は場合によっては will や can になったりするが、so that の後に助動詞がくるときは、まず目的を表わす副詞節だと考えて間違いない。下線部訳でよく出るので、きちんと「のために」と訳して、目的であることを明確に表現したい。

(so) (that) (might)

118 in common(with～)

「(～と)共通に」

長文で頻出の表現。common は普通は形容詞として使われ、common language「共通語」、a hobby common to us「私たちに共通な趣味」などと用いるが、名詞形では in common (with～)と熟語表現でしか用いられない。よってこの表現で“in”を落とすとバツになる。

(in) (common) (with)

119 break down

「故障する」

break「壊れる」+ down「下に」だから、くずれ落ちるイメージで覚えておけば「故障する」の訳は引き出せる。穴埋めでは down を問う問題が多いが、こうしておけば思い出しやすい。ただし主語が人間のときは、“She broke down.”「彼女は(泣き)くずれた」のように訳し分けよう。

(broke) (down)

120 more or less

「多かれ少なかれ」

反意語を or でつなげた対句表現。何となくわかってしまうので軽視しがちだが、この表現のポイントは「多少」の意味と「約」(= about)の二つの意味を持っていること。「多かれ少なかれ」は、このどちらも含むので便利な訳語である。同様の表現に、“sooner or later”「遅かれ早かれ」がある。

(more) (or) (less)

121

ついに、彼は私の説得に屈した。
Finally, he(　　　)(　　　)to my persuasion.

122

彼はきっと成功する。
He is(　　)to succeed.

123

彼女は母親を説得して人形を買ってもらった。
She(　　)her mother(　　)(　　) her a doll.

124

彼はエベレスト登頂に成功した。
He(　　)(　　)climbing Mt.Everest.

121 give in(to〜)

「(〜に)屈服する」

to 〜 の部分が省略されることも多いが、“give in to 〜”までひとまとめで覚えたほうがいい。同意語として yield(to 〜)や give way(to 〜)がある。まれに「(書類等を)提出する」の意味で使われることもあるが、文脈から判断がつくので心配無用。「屈服する」さえ覚えておけばOK。

(gave)(in)

122 be sure to 不定詞

「きっと(必ず)〜する」

形容詞 sure 「確かに」の頻出用法。ポイントはだれが「確信して」いるのかという点。例文は“I am sure that he will succeed.”と書き換えられるので、「きっと〜する」と思っているのは「彼」でなく「私」であることを理解しておこう。さらに“I am sure of his success.”まで書ければ完璧。

(sure)

123 talk 〜 into Ving

「〜を説得して Ving させる」

ここでの talk は他動詞なので talk to him into 〜 ingとしてはいけない。into は「変化」を表し、「説得した結果 Ving の状態にする」という使い方になっている。ちなみに into の対義語は out of なので、talk 〜 out of Ving と書けば「〜を説得して Ving をやめさせる」という意味になる。

(talked)(into)(buying)

124 succeed in 〜

「〜に成功する」

succeed to 〜「〜を継承する」とまぎらわしいが、この二つはまったく語の成り立ちが違うことに注意。名詞 success「成功」を意味するのが succeed in life(出世する) 、succession「継承」を意味するのが succeed to 〜 だ。もとの意味が違うから、必然的に前置詞も変わるだけの話である。

(succeeded)(in)

125

私は父の健康を心配している。

I'm (　　) (　　) my father's health.

126

この状況を利用すべきだ。

We have to (　　) (　　) (　　) this situation.

127

一体彼はなぜあんなことをしたのだろう。

Why (　　) (　　) did he do such a thing?

125 be anxious about ～

「～を心配する」

文法の穴埋め問題ほか、書き換え問題でも頻出の英熟語。同じ意味の“be concerned about ～”や“worry about ～”と共にしっかり暗記しておこう。この3つの熟語は書き換え問題でも頻出なので、3つの熟語を瞬時に書き換えられるようにしておく必要がある。

(anxious) (about)

126 take advantage of ～

「～を利用する」

advantage の意味は「有利さ」ということ。したがって直訳すれば、「～について有利さを取る」となり、「利用する」の意味がわかるはず。試験では訳だけでなく、穴埋めや英作文でも頻出するので、スペルも含めて完全にマスターしておきたい。make use of ～ も同じ意味で出題。

(take) (advantage) (of)

127 on earth

「一体(全体)」

on earth は単体で使えば「世界中で」という意味もあるが、疑問詞 + on earth という語順で使われると「一体(全体)」という意味となる。疑問詞の意味を強調する役割となるのだ。同様に in the world も、疑問詞の後に使われると同じく「一体」という意味となる。合わせて覚えておこう。

(on) (earth)

128

水は水素と酸素とから成り立っている。
Water(　　)(　　)hydrogen and oxygen.

129

生きている限り、君のことは忘れない。
I'll never forget you(　　)(　　)(　　)I live.

130

私の知る限り、うわさは本当ではない。
As(　　)(　　)I know, the rumor is not true.

131

お母さんは子どもに玩具を片付けるよう言った。
The mother told her child to(　　)(　　)the toys.

128 consist of ～

「～から成り立つ」

consist in ～「～に存する」と区別しよう。こちらは“Happiness consists in contentment.”「幸福は満足にある」のように使われる。consist of ～は be made up of ～と同じで、構成材料を表わす。of の後には複数名詞か、例文のように名詞が二つ以上くる。

(consists) (of)

129 as long as ～

「～する限り」

例文のように、時間の範囲を限定して while の意味で使うほか、“You may stay here as long as you keep quiet.”「静かにしているならここにいてよい」のように条件(= if only)を表わす場合もある。訳としてはどちらも「～する限り」で通用するので、覚えるのはこの一つで十分。

(as) (long) (as)

130 as far as ～

「～する限りでは」

この熟語は限度を表わすときに使う。as 以下にその限度が示される。例文の場合は“I know”というのが限度であるから、「私が知っている限り」の訳になる。節だけでなく名詞がくることもあり、“I went as far as the river.”「川まで行った」では、“river”が私が行った限度である。

(far) (as)

131 put away ～

「～を片付ける」

put(置く)+ away(離れた所へ)の組み合わせで理解しよう。目の前にあるものを、本来ある場所(=離れた所)へ置き直すというイメージだ。ちなみに away は同様のイメージで throw(投げる)と合わせると throw away(捨てる)という熟語もあるので、こちらも覚えておこう。

(put) (away)

132

結果は次の通り。

The results are (　　)(　　).

133

あなたのおかげでいい時間を過ごせました。

I had a good time (　　)(　　) you.

134

雨が降るといけないので、カサを持っていったほうがいい。

You had better carry an umbrella with you, (　　)(　　) it rains.

135

たとえ彼が行かなくても私は行きます。

I will go (　　)(　　) he doesn't.

132 as follows

「次の通り」

報告書や注意書などによく使われる表現。as follows でいったん文が終わり、すぐに本論や、要点や、項目などが続く。文章構成をわかりやすく整えるために用いる表現なので、文脈をとらえている限り何ら問題はない。また、穴埋めでは、follows の“-s”を忘れないように。

(as)(follows)

133 thanks to ～

「～のおかげで」

thanks は必ず複数形にすること。すべて原因や理由を表す前置詞句として使われる。「あなたのおかげで、私は楽しめた」thanks to you、I was able to enjoy myself. 悪いことには、owing to や due to が多く使われる。「雨のために」ということで、We could not play、owing to the rain. や due to rain.

(thanks)(to)

134 in case …

「…するといけないから」

和訳問題では「…するといけないから」というように、きちんと危惧する表現として訳すこと。lest [for fear] ～ should …「…しないように」と同じ意味の表現だが、in case のほうがより口語的。また in case of ～「～の場合には」と区別して覚えておこう。「携行」するという意味を表わすには with が必要。

(in)(case)

135 even if …

「たとえ…だとしても」

even though も同じようによく使われる。If の場合は「仮に」というニュアンスだが、though の場合は、I went even though she did not.（彼女が行かなくても私は行った）という「事実」を表している。その他、even を使うイディオムに、even then、even as などがある。

(even)(if)

136

彼女はいつも幸運を自慢している。

She always(　　)(　　)her luck.

137

宇宙旅行はもはや夢ではない。

Space travel is(　　)(　　)a dream.

138

突然、私は叫び声をきいた。

(　　)(　　)(　　), I heard a cry.

139

私はこの問題をある程度理解できる。

I can understand this problem (　　)(　　)(　　).

136 boast of 〜

「〜を自慢する」

同義語 be proud of 〜「誇りに思う」よりも、もっと「自慢」の度合いが強い。正誤問題では、be proud of につられて、be boast of などとしないように。boast は自動詞だから当然 be 動詞は不要。また that 節を使うときは、"boast that …"と他動詞になり of は不要。

(boasts)(of)

137 no longer 〜

「もはや〜ではない」

no longer 〜 = not 〜 any longer の書き換えはできるようにしておこう。例文は"Space travel is not a dream any longer."となる。long「長い」から強引に、「もうこれ以上長くない」と直訳して理解する方法もある。いずれにせよ、「もはや〜ではない」は知っておきたい訳。

(no)(longer)

138 all at once

「突然」

all at once = suddenly = all of a sudden の三つはすべて「突然」。この関係を知っておけば、言い換えでも和訳でも、縦横無尽に対応できる。また、at once(→7)だけだと「すぐに、同時に」となって意味が違ってくるので、もう一度確認しておこう。

(All)(at)(once)

139 to some extent

「ある程度まで」

extent は「範囲」という意味の重要単語だ。この熟語は、「いくらかの(some)程度(extent)まで(to)」と分解して理解してしまうことだ。こうすれば to a great extent「大きな程度」→「大いに」など、応用表現が出てきても容易に対応できるようになる。

(to)(some)(extent)

140

実を言うと、彼は独力でそれをやったのだ。
As(　　)(　　)(　　)(　　), he did it by himself.

141

この小説は読む価値がある。
This novel is(　　)(　　)reading.

142

彼の説明はけっして満足できるものではなかった。
His explanation was(　　)(　　)(　　) satisfactory.

143

この車には1,000万円を出してもいい。
I(　　)(　　)(　　)pay ten million yen for this car.

140 as a matter of fact

「実を言うと」

to tell the truth「正直に言うと」(→36)と同意表現。直訳は「本当のこととして」だが、それでは和訳問題では不正解。「実を言うと」ときちんと訳せるようにしたい。また類似の言い回しに as a matter of course「当然のこととして」もよく使われるが、これは直訳でもなんとかなる。

(a) (matter) (of) (fact)

141 worth while ～ing

「～する価値がある」

ポイントは while に惑わされないこと。worth だけに注目して、「いったい何が worth(価値がある)なのか」を読みとればいい。また主語に It を用いる文に書き換えることができる。例文は It is worth while to read this novel. となる。

(worth) (while)

142 by no means

「けっして～ない」

文の形は肯定文であっても、強い否定に訳さなければならない。anything but ～(→295)と同じ意味で、一語で表わすなら never。例文も"His explanation was never satisfactory."と書き換えられる。くれぐれも by means of ～「～によって」(→66)と混同しないように。

(by) (no) (means)

143 be willing to ～

「～するのをいとわない」「～してもかまわない」

will(意思)を含むが「積極的にしたい」のではなく「特に反対する理由もない」という意味。だから、訳すときは「～したい」と訳さないよう気をつけよう。ちなみに否定を表す un をつけて unwilling と書けば「～する気がしない」という意味になる。

(am) (willing) (to)

144

スケジュールに関しては、後でお知らせします。
(　　)(　　)(　　)the schedule, I'll let you know later.

145

彼は他人の事は気にしない、言い換えれば自己中心だ。
He doesn't pay attention to others, (　)(　)(　), He is selfish.

146

この部屋での喫煙はご遠慮ください。
Please(　　)(　　)smoking in this room.

147

彼は英語が話せるし、その上フランス語も話せる。
He can speak English, and French (　　)(　　).

144 in [with] regard to ～

「～に関しては」

動詞 regard「(～を…と)見なす」からはちょっと想像がつきにくいだけに、穴埋めはもちろん和訳でも頻出する。一語で表わしたいときは concerning ～、または regarding ～。これらは in regard to ～と同様に前置詞としてあつかう。一語で前置詞扱いなので、concerning to ～ や regarding to ～ とは書かないことに注意しよう。

(In) (regard) (to)

145 in other words

「言い換えれば」

文字通り other(ほかの、反対の) words(言葉)だから「言い換えれば」。同じような意味で、namely(つまり)や that is to say(ということは)が使われる。

Only one of could drive、namely Suzuki.(我々の中で一人だけ運転できた、それが鈴木君だった)。

(In) (other) (words)

146 refrain from ～

「～を差し控える・慎む」

refrain は同じスペルで「繰り返し」という意味の名詞もあるが、「繰り返す」という動詞ではないことに注意しよう。from は「分離」を表す前置詞なので、「ある行為から離れる＝その行為をしない」というニュアンスで、prevent from(→71)の from と同じ用法である。from の後が動名詞であることに注意しよう。

(refrain) (from)

147 as well

「(その上)…もまた」

too や also とほぼ同じ意味。気をつけたいのは、may as well ～「～したほうがよい」(→270)と混同しないこと。“as well”は文末にきて too「…もまた」と置き換えられる。また、A as well as B「B と同様に A も」(→10)は類似の表現だが、比べるものが前後が二つあるから注意。

(as) (well)

148

釣りということになると、彼は専門家だ。
When (　　) (　　) (　　) fishing, he is an expert.

149

彼女はどうなったのだろう。
(　　) (　　) (　　) (　　) her?

150

駅まで行くのに少し苦労した。
I (　　) a little (　　) getting to the station.

151

彼らは安全に注意を払わなかった。
They (　　) no (　　) to their safety.

148 when it comes to ～

「～ということになると」

when はこの場合接続詞で、「～の時には」(時の副詞節)の用法。やっかいなのは it で、文中には指すものなどなく、to 以下を指しているわけでもない。この it は「そのときの話題や状況」を指し、例文では「(話が)釣りということになると、…」の意味あいを含むことを理解しておこう。

(it) (comes) (to)

149 What has become of ～

「～はどうなったか」

熟語というより典型的な会話表現の「文」として覚えよう。What が主語なので、直後はそのまま has + Vp.p. を置くことで疑問文となっている。例文は What happened to her ? で書き換えることが可能。また、例文が未来の内容であれば What will become of her ? となる。

(What) (has) (become) (of)

150 have difficulty (in) ～ing

「～するのが困難だ」

difficulty は difficult の名詞形なので、他動詞 have の直後に置く。in はよく省略されるので、空欄の語数に合わせて調整しよう。また、例文のように difficulty の前に形容詞をつけることも可能。「とても大変だった」なら a lot of difficulty や great difficulty のように書くことができる。

(had) (difficulty)

151 pay attention to ～

「～に注意を払う」

文字通り訳せば「注意を払う」となり、意味はやさしい。重要なのは、穴埋めで pay や to を書けるかどうか。「お金を払う(pay)ときには注意も払う」などと考えよう。また call attention to ～ になると call「呼ぶ」の意味が加わり、「注意を喚起する」となる。

(paid) (attention)

152

その男は彼女のかばんを奪い取った。

The man(　　)her(　　)her bag.

153

私は自分のふるまいを恥じた。

I was(　　)(　　)my behavior.

154

汽車はまさに駅を出発しようとしていた。

The train was(　　)(　　)leave the station.

152 rob 〜 of …

「〜から…を奪う」

通常“rob 人 of 物”の形をとる。of は分離の意味だと考えるとわかりやすい(→41参照)。穴埋めなら“of”ができればいいが、並べ換えや作文では語順に注意。うっかり“rob 物 of 人”としてしまってはダメだ。目的語には「被害にあった人」がはいるので、覚えておこう。

(robbed) (of)

153 be ashamed of 〜

「〜を恥じる」

反意熟語の be proud of 〜「〜を誇りに思う」(→106)を対にして覚えるといい。どちらも「be + 形容詞+ of」の形は同じだから覚えやすい。穴埋めでは“of”を問う問題が多い。小説文などの状況説明問題では、「なぜ恥じているか?」などと問われることもあるので、背景を読みとろう。

(ashamed) (of)

154 be about to 不定詞

「(まさに)〜しようとしている」

will や be going to 〜 よりも、すぐ近い未来を表わすときに使う。長文や下線部訳ではよく出てくるが、「まさに」をつけて訳せば、近接未来のニュアンスを出せる。about にまどわされるとわけがわからなくなるので要注意。また、about のすぐ後に to 不定詞がくることに注目。

(about) (to)

155

君の文句にはうんざりだ。

I'm(　　)(　　)(　　)your complaint.

156

彼らは山の頂上へと向かった。

They(　　　)(　　　)the top of the mountain.

157

警察は容疑者の素性を調べた。

The police(　　)(　　)the suspect's backgrounds.

158

暗くなったが、彼女は明かりを消した。

Though it got dark, she(　　)(　　) a light.

155 be fed up with ～

「～に飽き飽きしている・うんざりしている」

もともと fed は feed(食事を与える)の過去分詞であり、up は「完全に・十分に」の意味で使っている。ここから「もう十分に与えられた」=「これ以上与えないでくれ」というニュアンスが生じた。ほぼ同義語で be tired of ～(from ではない)、be sick of ～ がある。

(fed) (up) (with)

156 head for ～

「～へ向かう」

この熟語の場合、head は「頭」という名詞以外に「進む・向かう」という動詞で使われている。派生語として ahead「前へ」という副詞もあり、Go ahead.「お先にどうぞ」という会話表現も頻出である。ついでに覚えておこう。

(headed) (for)

157 go over ～

「～を調べる・目を通す」

go(及ぶ)+ over(～中を)で「全体をよく見て調べる」というイメージ。go over 自体が多義熟語であり、「越える」「繰り返す」等があるが、over の直後の目的語や文脈で判断しよう。たとえば go over the sea「海を越える」や go over the same line「同じセリフを繰り返す」といった具合だ。

(went) (over)

158 put out ～

「(火・明かり)を消す」

目的語を見れば推測はつくが、火を点けたのか消したのかが分からないと事実関係を逆で捉えてしまうので注意。out は「なくなる」というニュアンスを持つことがあり、run out「尽きる・なくなる」という熟語の out と同じである。このように、他の熟語の前置詞と関連させて覚えると忘れにくくなる。

(put) (out)

159

日本人は米を常食とする。
The Japanese (　　　) (　　　) rice.

160

私は彼を師と仰いでいる。
I look (　　　) (　　　) him as my teacher.

161

私はその事件とは無関係だ。
I (　　　) (　　　) (　　　) (　　　) (　　　) the case.

162

彼は人見知りだ。それと比べて妹は社交的だ。
He is shy. (　　　) (　　　), his sister is sociable.

159 live on ～

「～を常食とする」

ここでの on は depend on(→109)の on と同じく「～に基づいて・依存して」の on である。つまり、live(生きる)+ on(～に基づいて)という構造なのだ。「～を常食とする」というのは「～を主食とする」というような意味で捉えよう。

(live) (on)

160 look up to ～

「～を尊敬する」

“up to”とあるから、上を見上げるような感じで「尊敬する」と理解すればいい。動詞一語で言うなら、respect(他動詞)。反対に「軽蔑する」(despise)なら“down on”をつけ、見下す感じで look down on ～ となる。対にして覚えたい熟語。

(up) (to)

161 have nothing to do with

「～と無関係である」

直訳すれば「その事件について何も持っていない」なので、一切の関係がないことを表す。逆に、nothing を something に変えれば「関係がある」ことを表せる。He is said to have something to do with the crime.(彼は犯罪に関与していると言われている)といった具合だ。

(have) (nothing) (to) (do) (with)

162 in(by)contrast

「対照的に」「それと比べて」

contrast は「対照」つまり「対比」を表している。長文読解で強力な武器になる熟語で、たとえば上の例文で sociable が分からなかったとしても、「人見知りの反対」と考えればイメージはつくだろう。このように、単語や文章内容が分からない時のヒントを与えてくれるのだ。

(In) (contrast)

163

私たちは彼女の親切に頼ることはできない。
We can not(　)(　)her kindness.

164

先週パーティでメアリーに偶然会った。
I(　　)(　　)Mary at a party last week.

165

私たちは材料に加えて見本も必要だ。
We need a sample(　)(　)(　) materials.

166

私は新しい家に完全に満足している。
I am fully(　)(　)my new house.

163 rely on [upon] ～

「～に頼る」

同義語の depend on ～(→109)が、同じ「頼る」でも信頼するとか依存する意味で一般的に使われるのに対し、rely on ～ はおもに人の気持ちや行為などを信じて当てにするときに使う。ただし試験では単に「頼る」の訳でどちらも十分。むしろ、前置詞の“on”を忘れないようにすること。

(rely) (on)

164 come across ～

「～に(偶然)出会う」

see や meet を使わずに、「出会う」という意味を出せるのがポイント。たとえば see を使うなら、happen to(→40)を使い、“I happened to see Mary at a party.”と書き換えられる。また、come across ～ は人だけでなく物にも使う。このときは、「出くわす」と訳してもいい。

(came) (across)

165 in addition to ～

「～に加えて」

動詞 add「加える」の名詞が addition。add と同様に「～に加えて」の意味では前置詞 to がくる。文脈によっては to ～「～に」の部分が省略され、in addition「加えて」だけで出てくることもあるが、類推は容易。“We have cake in addition.”「加えてケーキもある」など。

(in) (addition) (to)

166 be satisfied with ～

「～に満足している」

動詞 satisfy「満足させる」の受け身形だが、ほとんどこの形でしか試験には出ない。類義語の be content(ed) with ～ が現状に甘んじての満足を意味するのに対し、be satisfied with ～ は、十分に意が満たされた満足の状態を表わす。この違いを知っていると、解釈で差がつく。

(satisfied) (with)

167

私たちは順番にその本を読んだ。
Each of us read the book (　　　) (　　　).

168

ほとんどの専門家が彼の理論を重視している。
Most experts (　　　) (　　　) of his theory.

169

彼女はロンドンの近くに定住した。
She (　　　) (　　　) near London.

170

私は彼女に自分が到着したことを知らせた。
I (　　　) her (　　　) my arrival.

167 in turn

「順番に」

名詞 turn に「順番」の意味があることを知っていれば、話は早い。作文でも問われやすい表現なので、十分マスターしたい。変化形で in one's turn「～の番で」があり、たとえば“in my turn”「私の番で」などと使われる。和訳問題で意外に訳せないことがあるので知っておこう。

(in) (turn)

168 think much of ～

「～のことを重視する」

think much of ～ は think a lot of ～ とも言い換え可能。of 以下について重要に考えれば much (a lot of)、何も考えなければ nothing がはいり、反意語の think nothing of ～「軽視する」となる。どう考えるかではいる単語が変わるだけなので、一つ知るだけで応用自在。

(think) (much)

169 settle down

「落ち着く・定住する」

入試では「定住する」の意味がよく出てくる。settle はもともと「落ち着かせる」という動詞である。これに down「静止して」が加わり、「ある場所に留まり動かない」状態=「そこに常にいる・定住する」ということを強調する熟語となったのだ。

(settled) (down)

170 inform A of B

「AにBを知らせる」

最大のポイントは前置詞 of を入れられるかどうか。穴埋め問題で頻出。inform は他動詞なので inform A of B の形になるわけだ。ただし of の後が that 節のとき、例文は“I informed her that I arrived.”のように書き換えられ、of は不要。このへんが盲点なので気をつけよう。

(informed) (of)

171

彼女は自分の無罪を主張した。
She(　　)(　　)her innocence.

172

バスがそのうち(まもなく)来るといいが。
I hope the bus will come(　　)(　　).

173

だれも彼の試験の悪い結果を説明できなかった。
No one could(　　)(　　)his poor results of the examination.

174

私は彼女にときおり、クラブで会います。
I meet her(　　)(　　)at the club.

171 insist on ～

「～を主張する」

ポイントは二つ。一つは on の後には名詞、動名詞等がくること。もう一つは、"insist that" への書き換えで、この場合は "on" が不要となる。例文を書き換えると "She insisted that she was innocent." となるが、現在形の場合は that 以下に should が登場する。

(insisted) (on)

172 before long

「そのうち／まもなく」

直訳は「長くなる前」で「まもなく」の意。「すぐに」は soon、at once など。長文ではこうした語で悩むと時間のロスだから、すぐわかるようにしたい。語順を逆にして、long before なら、「ずっと以前」の訳。まぎらわしいが、こちらは「ロ～～ングビフォア、ず～～と以前」と唱えて覚えれば解決。

(before) (long)

173 account for ～

「～を説明する」

文意をとるときは「～を説明する」で十分だが、和訳で主語に物がきたときには、「（物が）～の説明になる」などと柔軟な訳を考えたい。ことわざで "There is no accounting for tastes."「たで食う虫も好きずき」がある。これは有名だから知っておこう。

(account) (for)

174 on occasion

「ときおり」

occasion のもともとの意味は、「場合」だが、occasion に冠詞がつかずに "on occasion" ときたら「ときおり」の意味になる。類義語に once in a while, now and then があり、sometimes や occasionally との書き換えで出題される。

(on) (occasion)

175

私の成功は私の友人のおかげである。

I(　　)my success(　　)my friends.

176

彼はけっしてうそをつくような人ではない。

He is(　　)(　　)man to tell a lie.

177

私たちは車を買う余裕はない。

We(　　)(　　)(　　)buy a car.

178

試合は雨のために中止となった。

The match was canceled (　　) (　　)the rain.

175 owe … to ～

「…は～のおかげである」

to を書かせる問題が頻出するが、to を使わずに、“owe ～ …”の形でも出てくる。例文なら“I owe my friends my success.”となり、give と同じ構文をとると覚えておこう。(SVOO'⇔SVO'to O)。また owe には「(金銭的)借りがある」の意味もあるので注意。

(owe) (to)

176 the last ～ to [that] …

「最も…しそうにない～」

問題になるのは訳し方。例文を「彼は最後にうそをつく人だ」としたら点はもらえない。「最もうそをつきそうにない」→「けっしてうそをつかない」と否定に訳すのがミソ。要は、“He never tells a lie.”と同じ。英作文などでは、“never”を使ったほうが無難だ。

(the) (last)

177 can afford to ～

「～する余裕がある」

この熟語は主に助動詞 can の後につけて使われる。肯定文だと「今まで余裕がなかったけれども余裕ができた」という意味となる。入試では主に否定文で出されることが多い。また、afford の後は to 不定詞なので、～ing が選択肢に合っても選ばないようにしよう。

(can't) (afford) (to)

178 owing to ～

「～のために」

「～のために」と意訳は「目的」ではなく「原因」を表す。もちろん owe A to B(175)から派生した熟語なので、これも合わせて覚えておこう。→ His health failed owing to overwork 過労で体調を壊す(失敗する)

(owing) (to)

179

年齢にかかわらずすべての人々が許可されます。
Everyone will be admitted(　　)(　　)his or her age.

180

覆水盆に返らず(こぼれたミルクを嘆いてもムダである)。
(　　)(　　)(　　)(　　)crying over spilt milk.

181

彼女は最近羽振りがいい(裕福だ)。
She is(　　)(　　)these days.

179 regardless of ～

「～にかかわらず」

regardless だけで「無とん着な」の意味だが、まず of といっしょに出てくるからこちらで覚えておく。of の後には名詞がくることが多いが、whether の節などがくることもある。訳は「～にかかわらず」であって、「～にもかかわらず」in spite of(→27)ではないから要確認。

(regardless) (of)

180 It is no use ～ ing

「～してもむだである」

英作文でひじょうに有効な慣用表現。例文を“to cry”としたらダメ。“crying”と動名詞にしないと0点だ。“no use”ときたら「使えない」=「ムダ」と、すぐにピンとくるようにしよう。“There is no use ～ ing”としても意味は同じ。ちなみに例文は有名なことわざ。

(It) (is) (no) (use)

181 well off

「裕福な・豊富な」

覚えていないと推測も難しい熟語なので、そのまま覚えてしまおう。もちろん一語で言えば rich となるが、well off は rich よりも口語的だ。入試では well off に下線が引かれ、rich や wealthy との言い換え問題で出題されることがある。

(well) (off)

182

私はこの絵とあの絵を比較した。
I(　　)this picture(　　)that one.

183

牛は私たちに牛乳を提供してくれる。
Cows(　　)us(　　)milk.

184

彼がチームに参加してくれないのは残念だ。
(　　)(　　)(　　)he can't join our team.

185

その会社は50人の労働者を解雇する予定だ。
The company is going to(　　)(　　)fifty workers.

182 compare A with B

「A と B を比較する」

穴埋めでは、compare A to B「A を B にたとえる」とのひっかけ問題が頻出する。前置詞と意味の違いに着目して区別しよう。また長文では、A の部分に修飾語や節がついて、“with” がかなり後にくることがある。そんなときでも、比較するものを冷静に探せば意味はつかめる。

(compared) (with)

183 provide A with B

「A に B を供給する」

provide「供給する」の意味を知っていれば、訳出には困らない。しかし、前置詞 with が必要で、穴埋めで問われる。この with は、俗に供給の with と呼ばれる用法。supply A with B「A に B を供給する」などの with とも同じだと知っておこう。

(provide) (with)

184 It is a pity (that) ～ (構文)

「～とは残念だ」

「残念」という訳から pity を形容詞だと思いがちだが、実は名詞なので「a」をつける必要がある。また、上の例文のように口語では It is は It's と短縮することが多い。同意表現として I'm very sorry that ～ で書き換えることも可能だ。

(It's) (a) (pity)

185 lay off ～

「～を(一時的に)解雇する」

lay(置く) + off(分離)の組み合わせで理解するとよい。例文の場合、従業員たちを「会社から離れた所へ置く=解雇する」と発想するのだ。また、「解雇する」という意味自体は動詞 fire の一語で表すこともできるので、合わせて覚えておこう。

(lay) (off)

186

私たちは皆卒業を待ち望んでいる。
We all (　　　) (　　　) our graduation.

187

このプランを実行するのはむずかしい。
It is hard to (　　　) (　　　) this plan.

188

そんな悪い習慣は廃止すべきだ。
We should (　　　) (　　　) (　　　) such a bad custom.

189

とにかくベストは尽くすつもりだ。
At (　　　) (　　　), I will do my best.

186 long for ～

「～を切望する」

この場合の long はもちろん動詞。過去形なら longed となる。形容詞の「長い」という意味にひっかけて「長い間待ち望んでいる」というイメージが持てれば OK。“for”は、要求の意味。また、後にくるのが動詞の場合、“long to do”と to 不定詞がくることもあるので注意しよう。

(long) (for)

187 carry out

「実行する」

この場合“out”は「外へ」ではなく「すっかり、最後まで」の意味で使われており、“Hear me out.”「私の言うことを最後まで聞いて」と同じ用法。したがって、perform「実行する」や fulfill「成し遂げる」とも言い換え可能。out の感覚をつかみつつ理解しておきたい熟語だ。

(carry) (out)

188 do away with ～

「～を廃止する」

do away で「あっちのほうへ追いやる」イメージがわいてくるとわかりやすい。get rid of ～「～を取り除く」(→41)とも言い換え可能。ただし、試験では堅めの文によく出てくるので、「廃止する」のようにガッチリ訳すのが、点を稼ぐポイントになる。

(do) (away) (with)

189 at any rate

「とにかく」

穴埋め、訳など、いろいろな形で出題される。長文で文脈をつかむためというより、知っているかどうかが問われる熟語だから、丸暗記しておこう。また、もし例文の空欄が“In(　)(　),…”となっていたら、(any)(case)がはいる。同意語句としてセットで覚えておこう。なお rate は「割合」の意味。

(any) (rate)

190

2,3日たって初めて彼が到着した。
It (　　　) (　　　) (　　　) a few days later that he arrived.

191

徐々に暗くなってきた。
It has been getting dark (　　　) (　　　).

192

彼は英語は言うまでもないがドイツ語も話す。
He speaks German, (　　　) (　　　) (　　　) (　　　) English.

193

私はやっと彼の住所を見つけ出した。
I've (　　) (　　) his address at last.

190 It is not until ～ that …

「～して初めて…する」

直訳すると「…するのは～までではない」となるが、これでは点はもらえない。It … that の強調構文をベースに考えること。とにかく、It is not until ときたら、かならず that があるはずだからよく探そう。それから訳にとりかかれば、混乱は防げる。

(was) (not) (until)

191 by degrees

「徐々に・次第に」

degree は多義語であり「度・程度・学位」という意味がある。この熟語では by（ずつ） + degrees（度）「1度ずつ＝少しずつ」というように連想して理解しよう。また、1語で書き換えると gradually となることもチェック!

(by) (degrees)

192 to say nothing of ～

「～は言うまでもなく」

和訳問題で問われやすいが、文を思いきって二つに切り、頭から訳していく方法を知っておくと役に立つ。例文なら、「彼はドイツ語を話すが、英語も言うまでもない」というようにする。また、not to mention までわかれば申し分ない。

(to) (say) (nothing) (of)

193 find out

「～を見つけ出す」

何か人や物を見つけ出すという場合にも使用されるが、「～という事実を発見する」といった意味でも頻繁に使用される。「find out A」のほかに「find A out」の語順にもなる。at last のほかに with difficulty（苦労して、かろうじて）もある。

(found) (out)

194

彼女は私の誤りを指摘した。
She(　　　)(　　　)my mistake.

195

幸福は満足にあり。
Happiness(　　)(　　)contentment.

196

驚いたことには、村にはだれも人がいなかった。
(　　　)my(　　　), there were no people in the village.

197

君には関係ない(放っておいてくれ)。
It's(　　　)(　　　)your(　　　).

194 point out ～

「～を指摘する」

名詞の point は「点」だが、動詞では「指差す」の意味になる。point out の後には、名詞や代名詞以外に、that 節もはいり、長い文になることがある。和訳させる問題が出たら、まず that 以下を集中して理解し、何を指摘しているのかを考えればいい。

(pointed) (out)

195 consist in ～

「～にある」

“consist”単体で「～からなる」という意味。“consist”を含む熟語は“consist in ～”「～にある」のほか“consist of ～”「～からなる」“consist with ～”「～と一致する」があるので、こんがらないようにしっかり覚えておこう。Happiness は3人称単数なので s がつく。

(consists) (in)

196 to [one's] surprise

「(～が)驚いたことには」

穴埋めでは頻出。ミスしやすいのは、to を in にしてしまうこと。surprise は感情を表わす名詞だから、ついついinを入れてもいいように思うが、in のときは in surprise となり、所有格はつかずに「驚いて」となる。まずは、to one's surprise を先に覚えるのが得策。

(To) (surprise)

197 (It's)none of ～'s business

「～には関係ない」

business はこの場合「仕事」ではなく「本分・関わりのあること」という意味。したがって、上の例文は「君の関係することではない(から口出しするな)というニュアンスだ。同意表現として、Mind your own business. などがある。きつい言い方なので会話では控えよう。

(none) (of) (business)

198

たとえばこの件を例に挙げよう。
Take this case(　　　)(　　　).

199

この傾向は日本の自動車業界にも言えることだ。
This trend(　　)(　　)(　　)Japan's auto industry.

200

祖父は走ることはもちろん歩くこともできない。
My grandfather can't walk,(　　　)(　　　)run.

198 for instance

「たとえば」

instance は例、事例。for example とは、厳密には使い方が異なるが、長文読解の際は「たとえば」と訳しておけば問題ない。直前の文の内容とイコール関係となることをおさえておこう。→ A past instance　過去の事例

(for) (instance)

199 be true of

「～に当てはまる」

慣用的な使い方として“the same is true of”(～についても同様)という具合に“same”が使われる。“of”の代わりに“about”“for”“with”なども使われる。気を付けたいのは、“be true to”(～に忠実である)で、たとえば“be true to one's word”(約束を守る)となるので注意したい。

(is) (true) (of)

200 let alone ～

「～はいうまでもなく」「まして～なおさらだ」

ポイントは訳す語順だ。let alone の後にくる語句が比較対象だから、例文では run を先に訳している。また、否定文で使うことが多く、「まして～ない」の形で前から訳すことも可能だ。例文だと「祖父は歩くことができない。まして走ることなんてなおさらだ」という感じ。

(let) (alone)

熟語集は“短期集中型”で本番まで使え

単語と熟語は英語力の“土台”の部分で、どちらも合格するためには欠かせない。だが単語集と熟語集では、基本的な部分で学習方法に違いがあることは、あまり知られていない。

まず単語だが、長文を読むために必要な“核になる単語”をマスターしてしまったあとは、長文中にたとえ知らない単語が出てきても、前後の文脈や構文から、なんとか訳せるようになるはずだ。この手応えが感じられたら、それが単語集の“卒業”の時期と考えていい。あとは、実際の英文を数多く読みこなしながら確認する“英文読解平行型”でやっていけばいい。

これに対し熟語については、1章で述べたように、試験ではさまざまな形式で出題され、しかも得点に直結するものが多いため、知らないと点にならないという面が大きい。このため、志望校にもよるが、試験のまえまでに自分の“穴”を徹底的になくしておくことがたいせつになってくる。

したがって勉強方法も、単語が“英文読解平行型”で文章のなかでの応用に重点が置かれるのに対し、熟語集は、まず“短期集中型”で最後まで一通りすべてを終わらせることに重点を置いたほうがいい。ここが最大の違いだ。

熟語の場合はさらにそのうえで、二回目の総復習にはいり、三回目以降はできなかった問題に重点を置いて復習する。このやり方が、効率よく得点力をアップさせる勉強法になる。

単語と熟語の性格の違いを考えたこの勉強方法で、他の受験生に大きな差をつけよう。

4章

合格者が感謝した!

志望校合格へ導く100熟語

201

外に出るやいなや雨が降ってきた。

(　　)(　　)had I gone out(　　)it began to rain.

202

雪のため外に出られなかった。

The snow(　　)us(　　)going out.

203

私たち自身が地球に対し責任を持たねばならない。

We ourselves have to be(　　　)(　　　)the future of the earth.

204

彼は気質が父親に似ている。

He(　　　)(　　　)his father in disposition.

201 no sooner ～ than …

「～するやいなや…」

ほとんど例文のように倒置形になる。平叙文に直せば、"I had no sooner gone out than it began to rain."で、同様の表現で Hardly had I gone out when it began to rain. と書き換えることができる。「Hardly had S Vp.p. when S' V' 過去形」という表現も覚えておこう。

(No) (sooner) (than)

202 S keep A from ～ ing

「S は A が～することを妨げる／防ぐ」「S のために A は～できない」

from の後は名詞でも動名詞（～ing）でもかまわない。「A を S という状態から離しておく」が基本の意味で、あとはこなれた訳になるように表現を工夫すればいい。例文は「雪が私たちを外出することから妨げた」が直訳だが、無生物主語を原因に訳すのがテクニック。

(kept) (from)

203 be responsible for ～

「～に対して責任がある」

「～に対して」の訳につられて前置詞に to を入れてしまうことが多いが、for が正解。to がはいるのは目的語が「人」のときだけで、「事柄」はすべて for になることを忘れないように。また、試験で出題されるのは for の場合が圧倒的に多いので、まずはこちらを基本として覚えておこう。

(responsible) (for)

204 take after ～

「～に似ている」

動詞一語で表わせば resemble だ。状態を表わす表現なので、進行形は使えない。よく似た形の熟語で look after ～「～の世話をする」（→37）があるが、これと混同するとまったく文意をとりそこねるのが最大の注意点。やはり例文の形で何度もくり返し練習するのがベスト。（→51）にも注意。

(takes) (after)

205

パーティはいつ行われるのですか?
When will the party (　　) (　　)?

206

私たちの仕事は多数の人間を必要とする。
Our business (　　) (　　) a lot of people.

207

今日はたばこを吸う気がしない。
I don't (　　) (　　) (　　) today.

208

彼は、いわば迷える子羊だ。
He is, as (　　) (　　), a stray sheep.

205 take place

「起こる／行なわれる」

おもに予定されていた出来事、事件などが起こるときに使う。この点で類語の break out「勃発する」（→100）と根本的に区別しておくこと。和訳や穴埋めなど何にでも出題される。take + place で「場所を取る」こと、すなわち「起こる」、「行なわれる」と、こじつけて覚えてもいい。

(take) (place)

206 call for ～

「～を必要とする」

一語で言い換えると require。call も for も見慣れた単語であるため、注意しないと見逃してしまいやすく、そのために文脈を取りそこなうことがある。このほかに「～を誘いに立寄る」の意味でも使われることもあるが、こちらは call と for それぞれの普通の意味で考えれば問題はない。

(calls) (for)

207 feel like ～ ing

「～したい気がする」

like はここでは前置詞で、「～のような」の意味。後には動名詞 ～ing がくる。動詞の like につられて to 不定詞など使おうものなら一巻の終わり。出題は ～ing のところを聞いてくるから絶対点にしよう。類似表現で I would like to ～「～したいものだ」は feel like より強い希望。

(feel) (like) (smoking)

208 as it were

「いわば」

文中で挿入されて使われる。「いわば～の」の～の部分は意味内容を考えないと理解しにくい、突拍子もない表現が多い。“He is, as it were, a walking dictionary.”「彼はいわば歩く辞書だ」などは例文としてもよく出てくる。同意語として so to speak と書き換えることができる。

(it) (were)

209

彼には我慢できない。
I can't(　　)(　　)(　　)him.

210

彼は政治家というよりむしろ商人だ。
He is not(　　)(　　)a politician (　　)a merchant.

211

私の生徒たちは英語が上達してきている。
My students are(　　)(　　)with English.

212

5時までにこの仕事を終えるのはほぼ不可能だ。
Finishing this work by five is(　)(　)impossible.

209 put up with ～

「(～を)我慢する」

この熟語は、各単語の意味からは想像のつきにくい意味を持つので、穴埋めであれ和訳であれ、知らないと解答不可能となる。それだけに試験ではしつこく出るので、とにかく暗記するしかない。一語で言い換えると endure で、言い換え選択問題でよく問われるので対にして覚えたい。

(put) (up) (with)

210 not so much A as B

「AというよりはむしろB」

たいせつなのは A と B との関係。「A のほうが so much でない」ということで、「(結論として)B である」というのが言いたいこと。長文で A, B に当たる部分が長い場合は、A と Bを書き抜いてみるとはっきりする。“B rather than A”への書き換えも頻出する。

(so) (much) (as)

211 make progress

「進歩する」

progress は「進歩・発達」という意味の名詞だが、不可算なので「a」はつけない。「前に進んでいる」というニュアンスなので、例文のように「上達」と訳しても大丈夫。熟語の言い換え問題などで単語1語で言えば improve となる。

(making) (progress)

212 next to ～

「～の隣に」「ほとんど～」

もちろん My house is next to his.(私の家は彼の家の隣だ)のような使い方もあるが、「～の隣」→「～に近い」というところから例文のように「ほとんど～」という意味が生まれる。この使い方の言い換えとしては almost が挙げられる。

(next) (to)

213

彼は去年、がんで亡くなった。

He(　　)(　　)cancer last year.

214

ずっとこの家に住もう。

I'll live in this house(　　)(　　).

215

その知らせを聞いてすぐに来ました。

I came here(　　)(　　)that news.

216

私は、特にそこに行きたいわけではない。

I don't want to go there(　　)(　　).

213 die of ～

「～で死ぬ」

この熟語が問題になるときにはかならず原因、理由を示す of が問われる。日本語につられて安易に by を選ばないことだ。また of の後には死の原因となる病名などがはいるが、わからない単語がきても、死ぬことそのものに比べればささいなことだから、気にしないで読み進もう。

(died) (of)

214 for good

「ずっと・永久に」

知らないと絶対に分からないので丸暗記しよう。入試では、書き換えや空所補充の問題で出題される。その場合、1語で書き換えると permanently や forever といった語となる。これらの語とともに覚えることによって、様々な形式に対応できるようにしよう。

(for) (good)

215 on ～ing

「～するとすぐに」

on は「(時間的にも)接触」を表すので、「聞く」と「来る」がほぼ同時＝「聞くとすぐに」となる。on が前置詞の後なので ～ing となるが、as soon as で書き換えると as soon as I heard that news となる。as soon as は接続詞扱いなので S+V が必要なのだ。

(on) (hearing)

216 in particular

「特に」

in particular は「いくつかあるが、その中から特に」といった選択の意味が含まれる。not がつくと例文のように「特に～というわけではない」の部分否定になる。全否定で訳すと、まったく意味が違ってしまうので要注意。一語で言い換えれば especially あるいは particularly。

(in) (particular)

217

彼は潔白であることが判明した。

He (　　) (　　) to be innocent.

218

その当時、アメリカは英国から独立していなかった。

In those days, America was not (　　) (　　) the United Kingdom.

219

君はそれらの難問題に対処しなくてはならない。

You have to (　　) (　　) those difficult problems.

220

彼が亡くなってから10年になる。

It is ten years since he (　　) (　　).

217 turn out

「（～であることが）判明する」

turn には「回転する」の他に、「変わって～になる」（=become）の意味で使われることがある。これに out「外へ」がついて「（～であることが）判明する」の意味になる。和訳の際は turn out を抜いて考えると意味が取りやすい。例文では“He is innocent.”ということが turn out したのだ。

(turned) (out)

218 be independent of ～

「～から独立している」

independent の後には分離を示す of がはいる。穴埋めで頻出するが、depend on ～「～に頼る（依存する）」（→109）と混同して on にしないこと。意味は「独立している」でいい。場合により「自立している」「独自（無関係）の」などと訳したほうがぴったりくることもあり、文脈で訳し分けよう。

(independent) (of)

219 cope with ～

「～を（うまく）処理する」

cope だけ単独で出てくることは少なく、ほとんど with を伴って出る。類義語の deal with ～ のほうは単に「取り扱う」（=treat）の意味だが、cope with ～ のほうは、「うまく対処する」というニュアンスが含まれる。両方とも with とセットで覚えておこう。

(cope) (with)

220 pass away

「亡くなる」

もちろん die とほぼ同意だが、こちらは遠回しな表現。この世を pass（通過）して away（離れ）ていくのだ。ちなみに例文は It is ～ since …「…してから～になる」という構文を使っているので、怪しい受験生は現在完了がの単元で学習しよう。

(passed) (away)

221

交通事故のため会議を延期せざるを得なかった。
We had to(　　)(　　)the meeting because of the traffic accident.

222

私はその理由を説明しようとしたが無駄だった。
I tried(　　)(　　)to explain the reason.

223

地震が火災を引き起こした。
The earthquake(　　)(　　) the fire.

224

明日は、昔の友人が訪ねてくる。
An old friend will(　　)(　　)me tomorrow.

221 put off

「延期する」

例文の(　)が一つだったら postpone。二つあるから put off になる。後には名詞だけでなく動名詞もくる。英作文でも「延期する」はよく出てくるが、postpone を忘れたら、put off で対処する。例文をよく読み、いつでも使いこなせるようにしておこう。

(put)(off)

222 in vain

「むだに」

訳出がむずかしく、和訳問題ではひとひねり必要。ポイントは、「むだに～した」とまず文意を読み取り、訳出は、「～したがむだだった」と思い切って"in vain"を述語にしてしまうこと。文の後に"～,but in vain"と書かれることも多く、「結局むだだった」という訳をするとスッキリする。

(in)(vain)

223 bring about ～

「～を引き起こす」

「～を引き起こす」というときにいちばん使いやすい熟語。英作でもときおり出てくる。前置詞の about に注意して覚えよう。類似熟語に come about「～が起こる」があるが、これは"The earthquake came about."「地震が起きた」のように自動詞的に使う。

(brought)(about)

224 call on ～

「～を訪問する」

一語で言うと visit。call につられてこの熟語を「電話をかける」と混同する人が多いが、「電話をかける」は、call up。和訳、穴埋めでは注意しよう。また、訪問するのが人でなく場所ならば、前置詞は"at"。この場合でも visit に置き換えられることに変わりはない。

(call)(on)

225

彼はその事件を調べ始めた。
He began to(　　)(　　)the matter.

226

このパソコンは本当に古い。
This PC is really(　　)(　　)(　　).

227

大臣は戦争の可能性を否定した。
The minister(　　　　)(　　　　)the possibility of war.

225 look into ～

「～を調べる・調査する」

look（見る）＋ into（～の中を）でつくられているので、「～をのぞき込む」という意味もあるが、そこから発展した「調査する」の意味が入試では頻出である。1語で書き換えると investigate となり、下線部の言い換え問題で出題されがちだ。

(look)(into)

226 out of date

「時代遅れの・古い」

out of（～の外に）＋ date（時代）で「時代の外＝時代遅れ」という意味ができる。対義語は up to date「最新の」である。また、updated「更新された」は日常でも使うので一緒に覚えておこう。

(out)(of)(date)

227 rule out ～

「～を除外する・認めない」

rule は動詞で「支配する」や「裁決する」というような意味がある。この熟語の場合は out（～の外へ）と合わさることで「可能性の外側にあると決める」つまり「可能性を除外する」というような意味に転じている。肯定か否定かで意味が逆になるので、読解時には注意しよう。

(ruled)(out)

228

どうして遅れたの？
(　　)(　　)you were late?

229

翌日彼はニューヨークへ出発した。
The next day he(　　)(　　)for New York.

230

油が切れてきた。(=不足しつつある／足りなくなって来ている)
We are(　　)(　　)(　　)oil.

231

彼にはよくあることだが、家に教科書を忘れた。
As is(　　)(　　)(　　)(　　)him, he left his textbook at home.

228 How come ～?

「どうして～?」

もともとは How does it come about that S'+ V' ～?という文で、「S'+ V' がどのようにやって来た(発生した)か」という意味だった。S'+ V' の状況が生じた理由を尋ねているのだ。これが短縮され、How come + S'+ V' となった。疑問文だが does や did は使わないので注意。

(How) (come)

229 set off (for ～)

「(～へ)出発する」

この off は、その場から「離れる」ことを表すので、「他の場所へ向かう」＝「出発する」となる。辞書には多くの意味が掲載されているが、入試ではまずこの意味を覚えよう。同意表現としては set out が挙げられる。

(set) (off)

230 run short of ～

「～が不足する」

short が「～が不足する」であることを知れば、意味はやさしい。be 動詞を使って be short of ～ だと「～が不足」だが、動詞の"run"を用いることで、「不足する」「足りなくなる」という表現になるのがポイント。穴埋めで出るから、run の用法の一つとして着目しておきたいところだ。

(running) (short) (of)

231 as is often the case (with ～)

「(～には)よくあることだが」

文頭や文中に出てくるが、カンマ(,)がつくので区別はつきやすい。多少長い表現だが、決まり文句なので訳とともにスラスラ口について出るように記憶したい。ポイントは as。この as は関係代名詞で、例文の場合、先行詞は後に続く文全体を指すと考えれば構文も見えてくる。

(often) (the) (case) (with)

232

彼は成功することを強く望んでいる。
He(　　)(　　)(　　)succeed.

233

私はこの機会を利用するつもりだ。
I will(　　)(　　)(　　)this opportunity.

234

私はさまざまな困難を経験した。
I(　　)(　　)a lot of trouble.

235

私は彼が自宅にいることを確かめたい。
I'd like to(　　)(　　)(　　)he is in the home.

232 be eager to ～

「～することを熱望する」

want to ～「～したい」よりも強い願望を表す。この点では long for ～(186)や be anxious for ～(85)と通ずる部分があり、合わせて覚えておくと様々な言い換え問題に対応できる。

(is) (eager) (to)

233 make use of ～

「～を利用する」

use の前にいろいろな形容詞がついて、意味がかわってくる熟語である。たとえば“He made bad use of the machine.”「彼はその機械を悪用した」のように、bad がはいると「悪用」の意味になる。一語はいるだけで make と use of のつながりが見えにくくなるので注意しよう。

(make) (use) (of)

234 go through ～

「～を経験する」

一語で言い換えると experience である。go「行く」＋through「通過する」で何となく意味はとれても、訳出の際は困ることになる。とくにこの熟語は和訳問題に頻出なので、きちんと「(～を)経験する」と覚えたい。また、「詳細に調べる」「通り抜ける」の意味もあることを知っておこう。

(went) (through)

235 make sure that

「～をたしかめる」

同じ使い方で“make sure of a fact”「事実を確かめる」もあるので同時におさえておこう。並び替え問題で頻出の熟語なので、ひとまとまりの熟語としてしっかり暗記しておこう。また、英作文でも使えるフレーズなので読めるだけでなく書けるようにしておきたい。

(make) (sure) (that)

236

春はもうすぐだ。

Spring is near(　　)(　　).

237

彼は何と言ってよいか途方に暮れた。

He was at(　　)(　　)for words.

238

昨日は一日中英単語を暗記した。

I(　　)English words(　　)(　　)all day yesterday.

239

私たちは狭い部屋を最大限に利用した。

We made(　　)(　　)(　　)our small room.

236 at hand

「近くに」

hand =「手」だから、「手近に」という空間的な距離の近さはすぐに思いつくだろう。しかし、むしろ例文のように時間的に「間近に」という意味で使われるほうが多いので、こちらを中心に覚えるほうがいい。「手近に」の意味では、on hand も使われるので知っておきたい。

(at) (hand)

237 at a loss

「途方に暮れて」

loss は「損失」だから、「気分を失っている状態」だと理解すれば覚えやすい。また at a loss の後には例文のように for ～がくることが多いが、"He was at a loss what I could say." のように、疑問詞を使った表現になることがあるのも知っておくといい。

(a) (loss)

238 learn ～ by heart

「～を暗記する」

一語で表わすなら memorize「記憶する」。remember は「思い出す」という意味であり、「覚える」という動作とは違うから混同しないように。直訳すると「心によって学び取る」だから、心に刻みつけるイメージで「～を暗記する」と覚えれば忘れない。

(learned) (by) (heart)

239 make the best of ～

「～を最大限に利用する」

～にくるのはかならず不利な状況や環境。有利な状況を「最大限に利用する」というときには、make the most of ～ のほうを使う。訳は同じでも状況は異なるから、単純に置き換えられないことは知っておこう。また単に「利用する」ならば、make use of ～ (→233) である。

(the) (best) (of)

240

彼は生まれつき温和な気質だ。
He is gentle (　　　) (　　　).

241

あなたは彼をその事故のことで責めることはできない。
You can't (　　　) him (　　　) the accident.

242

そのエレベータは故障しているようだ。
The elevator seems to be (　　) (　　) (　　).

243

U.N.は「国連」を表わす。
U.N. (　　　) (　　　) the United Nations.

240 by nature

「生まれつき」

簡単なようで要注意な熟語。nature が「自然」だからといって、「自然に」などと訳していると0点。この nature は「性質、性分」の意味だから、by nature で「生まれつきの性質(天性)として」と理解する必要がある。したがって和訳の際は、きちんと「生まれつき」と訳すこと。

(by) (nature)

241 blame ～ for …

「…のことで～を非難する」

blame(人)for(事柄)の構文で、「…のことで(人)を非難する」の意味になる。穴埋めの際は for を問われやすいが、訳につられて about などとしてはいけない。ここは理由を示す for が正解。また下線部訳では、「だれ」を「何について」非難するのかわかりやすく書くのがポイントである。

(blame) (for)

242 out of order

「故障している」

正常な状態(order)から外れている(out)から「故障している」と覚えればわかりやすい。通常は機械などが故障しているときなどに使われるが、「身体の一部の不調」についても使う。反対語の“in”が使われると“in(good)order”(正常になる、調子がいい)となる。

(out) (of) (order)

243 stand for ～

「～を表わす」

「～を支持する」という意味もあるが、文脈を考えれば訳出ではさほど苦労を感じないはず。例文のように意味や略字に関して、「～を表わす」と訳す。一語で言い換えれば represent「表わす、代表する」で、より簡単には mean「意味する」でもいい。「支持する」の意味なら support となる。

(stands) (for)

244

がっかりさせてごめんなさい。
I'm sorry to(　　)you(　　).

245

時代に遅れないように新聞を読みなさい。
Read a newspaper to(　　)(　　)(　　)the times.

246

彼はそんなことをするほどばかではない。
He knows(　　)(　　)(　　)do such things.

247

空港に5時に私を(車で)迎えに来てください。
Please(　　)me(　　)at the airport at five.

244 let ～ down

「～を失望させる」

let（させる）と down（下に）が組み合わされて、「気分を下げる」＝「失望させる」の意味になっている。let は let ＋ 人 ＋ V原で使うだけでなく、このように副詞や前置詞なども使うことができる。ちなみに一語で言うと disappoint で、書き換え問題で頻出。

（ let ）（ down ）

245 keep up with ～

「～に遅れずについていく」

keep pace with ～ も同じ意味。試験では、例文のように「時勢や時代に遅れずについていく」という文脈で使われることがなぜか多い。keep の代わりに catch を使うと、catch up with ～「～に追いつく」（→81）になり、こちらも重要表現なのでペアにして覚えたいところだ。

（ keep ）（ up ）（ with ）

246 know better than to ～

「～するほどばかではない」

かりにまったくこの表現を知らなくても、「～するよりもより良く知っている」が直訳なので、意味だけはなんとかとれるはず。ただ、差のつく和訳問題で出ることがあるのと、穴埋め問題では知らないとまず正解できないので、熟語表現として丸ごと暗記してほしい。

（ better ）（ than ）（ to ）

247 pick up

「（人、荷物などを）拾う」

pick up は文字通り、「～を拾う、拾い上げる」の意味だが、「人」に対して使われたときは「（車などの乗り物で）人を拾う」すなわち「迎えにくる」の意味が出てくることを、ぜひ知っておいてもらいたい。例文のように、「動詞＋前置詞」の後に人を示す代名詞がくる場合は、「動詞＋代名詞＋前置詞」の形にしないと減点される。

（ pick ）（ up ）

248

この件については、危険は、たとえあるとしても、ほとんどない。

There is little, (　　)(　　), risk in this matter.

249

事態はどちらかといえば良いほうだ。

The situation is better, (　)(　).

250

会社設立20年を記念してパーティを開いた。

We held a party(　)(　)(　)the 20th anniversary of our company.

251

彼女は他人の悪口ばかり言っている。

She is always(　)(　)(　)others.

248 if any

「たとえあるとしても／もしあれば」

文中に挿入されるか、文につけ足す形で用いられるので、和訳の際も同様の形で訳すといい。この熟語を if anything「どちらかと言えば」(→249)と混同しないように。if any が「数」や「量」に関しての表現なのに対し、if anything は「事」や「状態」を説明する表現なので区別する。

(if) (any)

249 if anything

「どちらかと言えば」

比較級といっしょに用いられることが多く、「どちらかと言えば」という意味を付加する熟語。一語で言い換えるとすれば rather だが、こちらは副詞で、「どちらかと言えば」のほかに、「かなり」という比較を強める意味でも使われるため、100パーセント言い換えはきかないことに注意。

(if) (anything)

250 in honor of ～

「～に敬意を表して」

honor が「名誉」の意味なので、熟語として知らなくても意味はとれるが、和訳の際は適当な訳語が思いつかずに困ることがある。きちんと「～に敬意を表して」と覚えておくべきだ。このほか、例文のように敬意の対象が「事」の場合には、「～を記念して」などと柔軟に意訳するのもポイント。

(in) (honor) (of)

251 speak ill of ～

「～を悪く言う」

この場合の ill は「病気」ではなく「悪く」という意味で使っている。したがって、文字通り speak(話す)と ill(悪く)で「悪く言う」となるのだ。ちなみに例文の be always ～ing は「(いつも)～してばかりいる」という批判的な言い回しで、ついでに覚えてしまおう。

(speaking) (ill) (of)

252

「調子はどうだい」「最高だよ」
"Hey, how's it going?" "It (　　) (　　) (　　)"

253

どうやってこの問題を解くのですか?
How do you (　　　) (　　　) this problem?

254

大雨のため、私たちはそこにとどまらざるを得なかった。
Because of the heavy rain, we were (　　　) (　　　) stay there.

252 (It) couldn't be better.

「最高だ」

否定文だから「良くない」と解釈してはいけない。better の後には比較対象である「今の状況」が隠されている。したがって、「今の状況よりも良くなることがない」＝「今の状況が最高だ」という論理が成り立つのだ。

(couldn't) (be) (better)

253 figure out ～

「～を理解する」

訳出がむずかしい熟語。figure は「姿、数字」で、out は「外へ」だから、「かたちを外へ出す」→「はっきり見えるようにする」というニュアンス。訳語としては「～を解く」「～を計算する」「～を考え出す」などいろいろだが、「～を理解する」と覚えて応用するのがベスト。

(figure) (out)

254 be obliged [forced] to ～

「～せざるを得ない」

oblige は「（人に）無理に～させる」＝ force という意味の重要な動詞。これが受け身になったと考えるとよくわかる。何らかの原因で「～せざるを得ない」状況が読みとれればいい。例文は、"The heavy rain obliged [forced] us to stay there."と無生物主語構文にもできる。

(obliged) (to)

255

私たちは香港経由で帰ってきた。
We came back by(　　　)(　　　) Hong Kong.

256

岩にしっかりつかまっていろ。
(　　　)(　　　)(　　　) the rock.

257

彼は近所の人とうまくやっている。
He is getting(　　　)(　　　)his neighborhood.

258

彼は文学の研究に専念した。
He devoted(　　　)(　　　)the study of literature.

255 by way of ～

「～経由で」「～として」

「～経由で」の訳はわかりやすいが、忘れてならないのは「～として」の訳。"She gave him a book by way of thanks."「彼女は感謝の印として彼に本をあげた」のように使う。way の意味は、「～経由で」のときが「道」、「～として」のときは「手段、方法」と変わる。一語で言い換えると via。

(way) (of)

256 hold on to

「しがみつく／固守する」

hold on は、口語の表現に多く使われ、「(がんばって)もちこたえる」「(やめないで)続ける」の意味が基本にある。Hold on、please! 電話を hold して on 保つ状態に、つまり「電話を切らないで!」ということになる。to ～が加わると、「～に保つ」から「～にしがみつく」ということになる。

(Hold) (on) (to)

257 get along (with ～)

「(～と)仲よくやっていく」

along with ～ だけだと「～といっしょに」。そこに get がつくと、「～とうまくやっていく、暮らしていく」の意味が出る。along がわからないと穴埋めで困るが、along に「～にそって」の意味があることを思い出し、「寄りそってやっていく」イメージを持てれば大丈夫。

(along) (with)

258 devote oneself to ～

「～に専念する」

devote は「捧げる」だから、「○○自身を～に捧げる」→「～に打ち込む、専念する」となる。oneself が必要なのは、devote が他動詞で目的語をとるため。例文を"He was devoted to the study ～"と受動態にしても訳は同じ。このとき oneself は不要になるので注意。

(himself) (to)

259

彼は弁護士になれるという希望に執着していた。
He(　　　)(　　　)the hope that he could be a lawyer.

260

彼は約束を破ったと私を非難した。
He(　　　　)me(　　　　)having broken our promise.

261

彼は必ず3時にここに来る。
He never(　　　)(　　　)come here at three.

262

私は警察と接触をとろうと試みた。
I tried to get(　　　)(　　　)(　　　) the police.

259 cling to ～

「～に執着する」

「cling ときたら to」と言えるまで、くり返し練習すべき熟語。ただ単に「くっついている」という意味で "Wet clothes cling to the skin."「ぬれた服が肌にくっつく」などとも使う。また、例文は過去形だから "clung" となる。案外忘れがちな語形変化だから注意しよう。

(clung) (to)

260 accuse A of B

「B で A を非難する」

of 以下は非難の理由を示す名詞、動名詞。理由だからつい前置詞を for としたくなるが、for がくるのは blame ～ for …「…で～を非難する」(→241) の場合。accuse のときは "of"。読解のときは「(主語)が A を非難する。それは B だから」と、頭から読みとっていくのがコツ。

(accused) (of)

261 never [cannot] fail to ～

「必ず～する」

fail to ～ だと「～しない」だが、そこに never という強い否定語がついて、「けっして～しないということはない」→「必ず～する」と強い肯定の意味になる。訳させる問題が多いから、肯定的に訳すこと。また、例文では "fails" と三単現の形になるが、見落としがちなので要確認。

(fails) (to)

262 get [keep] in touch with ～

「～と接触をとる[保つ]」

穴埋め頻出の熟語。どの語が抜かれても対応可能にしておくこと。"get" なら接触を「とる」動作、"keep" なら「保つ」と持続の意味になることは十分に理解したい。文脈によっては「～と連絡をとる[保つ]」の訳も知っておくといいが、「接触」＝"touch" のほうが覚えやすい。

(in) (touch) (with)

263

その事件はどうして起こったのか?
How did the accident(　)(　)?

264

彼女は昨日のパーティに現われなかった。
She did not(　)(　)at the party yesterday.

265

私は千円だけ盗まれた。
I was robbed of(　)(　) than 1000 yen.

266

盗まれたのはせいぜい千円だ。
I was robbed of(　)(　) (　)1000 yen.

263 come about

「起こる」「生じる」

“about”は前置詞ではなく副詞。同じ「起こる」という意味の“happen”(自動詞)とははっきり区別しておこう。さらに「～を引き起こす」という他動詞“cause”もある。“come”のかわりに“bring”を使うと“bring about ～”(→223)で他動詞的な使い方となり、同じように「～を起こす」となる。

(come)(about)

264 show up

「現われる」「目立つ」

「ショウアップ」と、日本語化されている割に意味のとりにくい熟語。例文のように、パーティなどに「現われる」(＝appear)以外にも、「目立つ」「目につく」など、他に比べて「はっきり見える」意味で使われるときがある。訳出では、まず文脈をとらえてから取りかかろう。

(show)(up)

265 no more than ～

「～だけ」

no で否定されている内容は more の部分、すなわち1000円より上の金額。したがって、2000円、3000円ではなく「わずか1000円」(1000円ちょうど)というのがこの表現の意味。反対に no less than ～ なら1000円未満の金額が否定されるから、500円、600円でなく「1000円も」となる。

(no)(more)

266 not more than ～

「(最大)せいぜい」

not は more than 1000 yen, つまり「1000円をこえる」ことそのものが否定される。結局「800円、900円かもしれないが、最大で1000円」ということになり、「せいぜい(多くとも)1000円」の訳が出てくる。not less than ～ も同様で、「最小で1000円」つまり「少なくとも1000円」の意味。

(not)(more)(than)

267

くじらが魚でないのは、馬が魚でないのと同じだ。
A whale is (　　　) (　　　) a fish (　　　) a horse is.

268

次に何が起こるかは分からない（言うことはできない）。
(　　) (　　) (　　) what will happen next.

269

君がそのニュースを聞いて驚くのももっともだ。
You (　　　) (　　　) be surprised at the news.

270

ギャンブルに金を使うなら、捨てるほうがましだ。
You might (　　　) (　　　) throw your money away (　　　) spend it in gambling.

267 no more ～ than …

「…でないのと同様に～でない」

まず a horse is の後には a fish が省略されていることを理解しよう。そうすれば例文は「くじらが魚である」ことは「馬が魚である」ことと比べて no more 「それ以上ではない」というように読みとれるはず。あとは日本語として通用するように「馬が魚でないようにくじらも魚でない」と訳す。

(no)(more)(than)

268 There's no ～ ing

「～することはできない」

no は「ゼロ」を表し、不可能を意味する。There's は There is でも可。ちなみに There's no accounting for tastes. はことわざで「たで食う虫も好きずき（人の好みは説明しようがない）」という意味があり、他のことわざとの選択問題で出題されることがある。

(There's)(no)(telling)

269 may well ～

「～するのももっともだ」

この熟語は、have a good reason に置き換えられる。may as well ～「～したほうがよい」(→270)とひじょうに混同しやすいが、混同を防ぐには、"as" に注目すること。as がつくと比較表現となり、「～のほうが」の意味が出てくる。may well にはその意味はない。

(may)(well)

270 may as well ～(as …)

「(…するくらいなら) ～したほうがよい」

may as well ～だけなら had better 「～したほうがよい」と同じで、後にはかならず動詞の原形がはいる。後にもう一つ as がつくと「～するくらいなら」の比較の表現になる。例文のように「…するくらいなら～したほうがましだ」と強めに訳す方法を知っていると、下線部訳で有利。

(as)(well)(as)

271

もし水がなければ、何物も生きられないだろう。
If (　　　) (　　　) (　　　) for water, nothing could live.

272

君の助けがなければ、私は失敗していただろう。
(　　　) (　　　) your help, I would have failed.

273

私のコートはついにだめになった。
My coat has finally (　　　) (　　　).

274

彼の言っていることは意味をなさない。
What he is saying does not (　　　) (　　　).

271 If it were not for ～

「もし～がなければ」

仮定法の慣用表現。If がないときは“Were it not for”と倒置の形。But for ～(→272)、Without ～ も同じ意味。これらの書き換えはよく出るから覚えておこう。また例文が、「もし水がなかったら…」なら、“If it had not been for water, ～”となるから注意しよう。

(it) (were) (not)

272 but for ～

「～がなければ」

熟語自体より、書き換えができるかどうかがポイント。例文なら“If it had not been for your help …”となる。いずれにせよ仮定法だから、時制には注意(例文は、“I would have failed.”)。もし(　)が一つだったら迷わず Without を入れよう。

(But) (for)

273 wear out

「(使い古して)だめになる」

例文のように用いるほかに、be worn-out のように受け身の形で用いられることもある。(ハイフンはない場合もある)。「身につける」意味の wear に「最後まで、すっかり」の意味の“out”がついた形なので、意味はとれる。穴埋め問題では、out の意味をよく思い出して解答しよう。

(worn) (out)

274 make sense

「意味をなす」

sense には「感覚、感じ」のほかに、「意味」の意味もある。make sense で「意味を作る」→「意味をなす」と強引に考えてもいい。実際は「意味をなさない、筋が通らない」と否定の形が多く、not make sense(make を否定)や、make no sense(sense を否定)の形で出る。

(make) (sense)

275

この薬は君には効くだろう。

This medicine will(　　　　　　)you (　　　　).

276

これからも頼りにしています!

I will be(　　　　)(　　　　)you !

277

人々は皆、あなたの考えに賛成だ。

All the people are in(　　　　　　) (　　　　)your idea.

278

あなたは、すべてをお金の観点から見ている。

You see everything(　　　)(　　　) (　　　)money.

275 do ～ good

「～に益をもたらす」

"do 人 good"の形が一般的。単に「～のためになる」と訳すほうがいいときもある。反対の意味は do ～ harm「～に害を与える」。動詞として give や bring ではなく"do"を使っている点に注意したい。単語選択問題では迷わず"do"を選んでガッチリ点を稼ぎたい。

(do) (good)

276 count on

「～に頼る」「～を当てにする」

例文にある I will be (counting) (on) you! という形でよく出題される。"counting"に注意。"Count on me!"（私に任せて!）。同じニュアンスで、"depend on" "rely on"があるが、書き換え問題も頻出なので、同時におさえておこう。

(counting) (on)

277 in favor of ～

「～に賛成して」

favor 自体に「好意」「引き立て」の意味があることをまずおさえたい。穴埋めだけでなく和訳もあるので、「好意」から発展して「賛成する」「支持する」の訳が出せればしめたもの。また、favor の形容詞形 favorite「大好きな」は、英作で使えるからここで覚えてしまおう。

(favor) (of)

278 in terms of ～

「～の（観）点では」

term「用語」の意味からはなかなか思いつきにくい。文脈により「～に関しては」と軽く訳したり、「～の立場から考えると」など言葉を補ったりするが、「～の（観）点では」という根本の意味をまずおさえよう。くれぐれも terms の"s"を忘れないように。

(in) (terms) (of)

279

だれがこのビルの管理者ですか?
Who is(　　　)(　　　)(　　　) this building?

280

私たちは未来のために歴史を学ぶのです。
We study the history for(　　　)(　　　)(　　　)our future.

281

ひとつお願い事をしてもよろしいでしょうか。
May I(　　　)you a(　　　)?

279 be in charge of ～

「～を管理している」

charge に「義務、責任」の意味があることがポイント。これに状態を表わす in がついて、「義務や責任を負った状態にある」というのが、この熟語の意味。和訳問題では、この考え方を知っておけば、かなりラクになるはず。穴埋めでも“charge”を入れるのに苦労しない。

(in) (charge) (of)

280 for the sake of ～

「～のために」

sake だけでも「ため、目的、利益」の意味。～が人の場合 for one's own sake も同じ意味でよく使われ、それぞれ書き換えも可能。例文のように～が事柄の場合には、for the sake of ～が使われる。sake はこの二つ以外めったに使われないから覚えてしまおう。

(the) (sake) (of)

281 ask A a favor

「Aに頼みごとをする」

ask（頼む）＋人＋ a favor（親切な行為）だから、「人に親切な行為を頼む」＝「人に頼みごとをする」という意味が成り立っている。ちなみに主語を変えると Would you do me a favor? となり、「（あなたは）私に親切な行為をしていただけますか」＝「お願いを聞いていただけますか」という意味だ。

(ask) (favor)

282

私は喜びでわれを忘れた。
I was(　　　　)myself(　　　　)joy.

283

私たちはとても疲れていた。さらに悪いことには雨が降り出した。
We were very tired, and to(　　　)(　　　)(　　　), it began to rain.

284

あなたはあの問題に対処しなければならない。
You have to(　　)(　　)that issue.

285

私は寝るまえに本を読むことにしている。
I make(　　　)(　　　)(　　　)to read before going to bed.

282 beside oneself with ～

「～にわれを忘れて」

「自分自身(oneself)のかたわら(beside)にいる」すなわち「われを忘れる」と考える。喜びだけでなく、怒りや悲しみで逆上してわれを忘れる場合にも使う。イメージがわいても訳がなかなか出てこないことがあるから、“oneself”(＝われ)の部分に注目して覚えてみよう。

(beside)(with)

283 to make matters worse

「さらに悪いことには」

長めの熟語だが、きまりきった表現で、和訳や作文に頻出するから要注意。用法としては to be frank with you …「率直に言えば…」と同じで、文に付加するように使う。what is worse も同じ意味で、作文のときはこちらを使ったほうが簡単でいい。

(make)(matters)(worse)

284 deal with

「対処する」

“Can you deal with this ?”(対応して頂けますか?)“Please deal with this immediately.”(大至急対応をお願いいたします)の形でもよく使用される。「物事や問題を扱う」“deal with”に対して、“deal in”(品物など～を商う)と混同しないように注意しよう。

(deal)(with)

285 make it a rule to ～

「～することにしている」

“it”は to 以下を示し、直訳は「～することをきまりとしている」となる。これで意味を把握したら、訳は「～することにしている」とすればいい。rule の前の“a”は絶対に忘れないように。また、動名詞を使って“make a rule of ～ ing”と書き換え可能。

(it)(a)(rule)

286

父親が死んだ後、彼が事業を引き継いだ。
He (　　　) (　　　) the business after his father died.

287

不注意な言葉は誤解を生む。
Careless words will (　　) (　　) (　　) misunderstandings.

288

彼の言ったことがわかりましたか?
Could you (　　　) (　　　) what he said?

289

スキー旅行は期待外れだった。
Skiing vacation didn't (　　) (　　) (　　) my expectations.

286 take over ～

「～を引き継ぐ」

事業、資産、地位などを「引き継ぐ」の意味。succeed to ～ に書き換え可能だが(同じ二語なので例文の(　)にもはいりうる)、このときの succeed は「成功する」ではなく「継続する」の意味(→124参照)。穴埋めだけでなく、和訳にもしばしば出るから、訳語とともにこの二つをセットで覚えたい。

(took) (over)

287 give rise to ～

「～を引き起こす・生む」

この熟語での rise は「上昇」というより「源・起源」の意味である。つまり、「～に対して起源を与える」＝「～の起源となる・～を引き起こす」という理屈だ。もちろん、1語で書き換えれば cause となる。

(give) (rise) (to)

288 make out ～

「～を理解する」

熟語の場合の“make”は、「作る」にとらわれるとわからないことが多い。この熟語も make が「～にする、させる」、out が「すっかり、最後まで」の意味で使われ、make out で、「明らかにする」というニュアンスが出てくる。一語で言うなら understand。

(make) (out)

289 live up to ～

「～の期待に添う」

書き換え問題で定番の熟語で、fulfill(果たす・満たす)との言い換えが頻出だ。なかなか元の単語の意味から連想することが難しいので、fulfill とセットで丸暗記してしまおう。

→ I fulfill my dreams　夢をかなえる

(live) (up) (to)

290

私はバスよりも電車に乗りたい。
I would(　　　)ride the train(　　　) the bus.

291

あなたはこの新しい仕事がすぐに好きになるだろう。
You will(　　　)(　　　)this new job before long.

292

上司は私たちの提案を拒否した。
Our boss(　　　)(　　　)our proposal.

293

私たちは彼をうそつきとまでは呼べない。
We can't go so(　　　)(　　　)to say he is a liar.

290 A rather than B

「BよりもむしろA」

「B を強く否定したり拒否したくないが、やはり A がいい」という時に使うと便利な表現と言える。同じ意味を持つのが、not so much A as B(A というよりもむしろ B)。同じ意味で rather than を使うと、B rather than A(A よりもむしろ B)となる。ちょっとややこしいが注意しよう。

(rather) (than)

291 take to ～

「～が好きになる」

訳では「～が好きである」と状態を表わす表現にせず、「～が好きになる」と、行為(動作)を表わすように訳すのがポイント。前者は like の意味だが、これとはしっかり区別しよう。文脈によっては、「(習慣的に)好きになる」→「くせになる」と訳すことも知っておくと便利。

(take) (to)

292 turn down

「拒否する」

一語で言い換えると refuse や reject。turn down で、「向きを下に変える」イメージが思い浮かぶと訳もつかみやすくなる。文章中では、結論になるような一文で突然出てくる。また、turn up は「姿を現わす」であって、「受け入れる」ではないからカン違いしないように。

(turned) (down)

293 go so far as to ～

「～しさえする(～までする)」

"so"がきたらまず「それほど」と考える。つぎに「それほど」とは「どれほど」なのかを探しながら読むと、as 以下に出てくる。例文を直訳すると「…と言うほどそれほど遠くまで行く」となり、あとは意訳して「…とまで言う」とすればいい。「～しさえする」の訳さえ知っていれば、本番で困ることはない。

(far) (as)

294

どうぞ遠慮なくケーキをお取りください。
Please help (　　　) (　　　) the cake.

295

彼はけっして紳士などというものではない。
He is (　　　) (　　　) a gentleman.

296

我々はその困難に打ち勝つことができた。
We could (　　) (　　) the difficulty.

297

私は今までに3回そこに行きました。
I have been there three times (　) (　).

294 help oneself to ～

「自分で(自由に)とって食べる」

会話文などで問題にされる口語表現。どこにも「食べる」という意味の表現は見当たらないが、食事の場面で「食べる(飲む)」の意味で使う。この熟語が出てきたら、「あまり気どらず、セルフサービスで」という雰囲気が感じられるようになれば文句なしだ。

(yourself)(to)

295 anything but ～

「けっして～でない」

but は「～以外」の意。例文もていねいに考えると、「彼は何ものかであるが、それは紳士以外の何ものかだ」となる。そこから「けっして紳士ではない」と出てくる。肯定文でも否定的に訳し、but のニュアンスを出すことが重要。nothing but ～「～にすぎない」(→184)も復習しておこう。

(anything)(but)

296 get over

「打ち勝つ」「克服する」

後ろに“difficulty”の word をともなって使用されることが多いので、穴埋め問題では目印として注意深くチェックしよう。単語では“overcome”に近い意味。“recover from～”の「～から立ち直る」も同時におさえておこう。

(get)(over)

297 so far

「今(まで)のところ」

同じような意味で till now も使われる。I was out till now(今まで外出していた)。会話などでよく使われる表現が、So far so good(今のところ順調だ)これを堅い表現にすると thus far となる、thus far、all is right(ここまでは不都合はない)。

(so)(far)

298

魔女が王子様を蛙に変えてしまった。
The witch(　　　)the prince(　　　) a frog.

299

私の冗談に、聴衆はどっと笑い出した。
At my joke, the audience(　　　)(　　　)laughter.

300

邪魔だよ(、どいてくれよ)。
Hey, you're(　　　)(　　　)(　　　).

298 turn(〜) into…

「(〜を)…に変える(変わる)」

into は「変化」を表すことがあり、基本的に into の左の名詞が右の名詞に変わることを意味する。例文は目的語の「王子」が「蛙」に変わっているが、The rain turned into snow. であれば「雨が雪に変わった」というように、主語が変化することも表せる。

(turned) (into)

299 burst into laughter

「どっと(突然)笑い出す」

burst は「爆発する」の意味だから、burst into 〜 で「爆発して〜の状態にはいっていく」イメージが持てれば万全。burst into laughter なら「どっと笑い出す」、burst into tears なら「突然ワッと泣き出す」の感じだ。この二つが理解できればOK。

(burst) (into)

300 in the way

「邪魔な」

例文のように「自分の進行方向に物があったら通れない＝邪魔だ」と発想する。注意点は、in 〜 way S' V'「S' が V' する〜な方法で」と区別することだ。例文 It is in the way 邪魔だ
→ Speak in a large way 大げさに言う

(in) (the) (way)

図解でわかる no more 構文

no more than (→265) と not more than (→266) の構文は、受験生泣かせの代表選手だ。そこで図で理解する、とっておきの知恵を紹介しよう。

① no more than「わずかに〜だけ」

否定

no more than 1000yen.

すなわち、more というのは、図の斜線の部分。ここが否定されるのだから、1000 円ポッキリで上も下もない。よって「たった 1000 円」「わずか 1000 円」という意味になる。

図 1

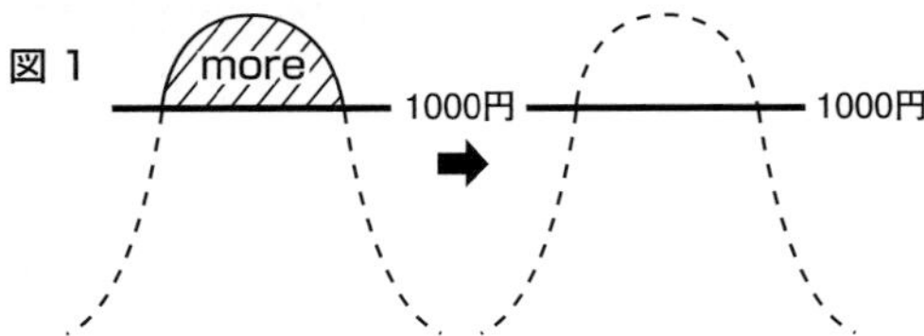

②not more than 「せいぜい」

否定

not more than 1000yen.

図 2 のように、1000 円のラインを越えることが否定される。900 円でも 800 円でもいいが、1000 円を越えることはない。だから、「せいぜい 1000 円」が意味するところ。

図 2

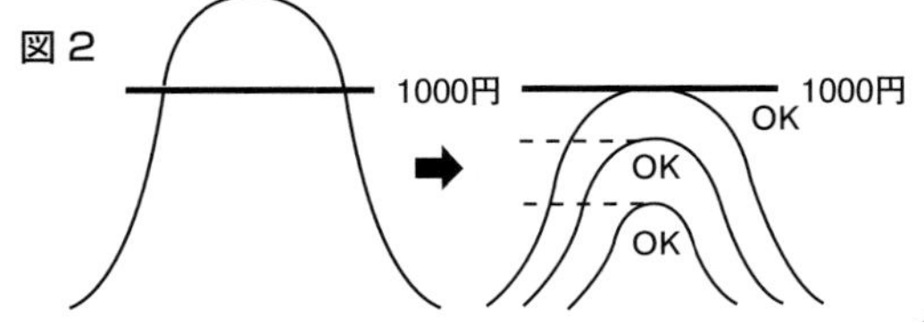

チェック索引

●

＊訳語のあとの数字は、いずれも熟語番号を表わしている（ページ数ではないので注意）。

　このチェック索引は、本書に収録した300熟語を、効率よくチェックできるように考えて作成した。「ABC 順・チェック索引」では、300語の完全チェックができるように、チェック欄と訳語を掲載した。
　「同義語・関連語グルーピング索引」は、熟語同士の関連性が、ひと目で理解できるように考えてめとめた。
　覚えた熟語の整理や、辞書代わりの使用など、目的に合わせて有効に使いこなしてもらえれば幸いである。

A

B

C

D

E

F

G

H

I

☐ out of ～ 「～の範囲外で」 54
☐ out of date 「時代遅れの·古い」 226
☐ out of order 「故障している」 242
☐ owe … to ～ 「…は～のおかげである」 175
☐ owing to ～ 「～のために」 178

P

☐ pass away 「亡くなる」 220
☐ pay attention to ～ 「～に注意を払う」 151
☐ pick up 「（人、荷物などを）拾う」 247
☐ point out ～ 「～を指摘する」 194
☐ prefer A to B 「B より A のほうを好む」 14
☐ prevent ～ from －ing 「～が－するのを妨げる」 71
☐ provide A with B 「A に B を供給する」 183
☐ put away ～ 「～を片付ける」 131
☐ put off 「延期する」 221
☐ put on ～ 「（～を）身につける」 55
☐ put out ～ 「（火·明かり）を消す」 158
☐ put up with ～ 「（～を）我慢する」 209

R

☐ rather than 「～よりもむしろ～」 290
☐ refer to ～ 「言及する」「参照する」 58
☐ reflect on ～ 「～を熟考する」 107
☐ refrain from ～ 「～を差し控える·慎む」 146
☐ regard A as B 「A を B とみなす」 87
☐ regardless of ～ 「～にかかわらず」 179
☐ rely on [upon] ～ 「～に頼る」 163
☐ remind A of B 「A に B のことを思い出させる」 70
☐ resort to ～ 「～に訴える·頼る」 106
☐ result from ～ 「～に起因する」 90
☐ result in ～ 「～に終わる」 82
☐ rob ～ of … 「～から…を奪う」 152
☐ rule out ～ 「～を除外する·認めない」 227
☐ run short of ～ 「～が底をつく」 230

S

T

- ☐ turn down 「拒否する」 292
- ☐ turn (〜) into… 「(〜を)…に変える(変わる)」 298
- ☐ turn out 「(〜であることが)判明する」 217

U

- ☐ up to 〜 「〜次第で」 98
- ☐ used to 〜 「(以前はよく)〜したものだ」 24

W

- ☐ wear out 「(使い古して)だめになる」 273
- ☐ well off 「裕福な・豊富な」 181
- ☐ What has become of 〜 「〜はどうなったか」 149
- ☐ what 〜 for 「なぜ・どうして」 31
- ☐ what is 〜 like 「どのような」 32
- ☐ when it comes to 〜 「〜ということになると」 148
- ☐ would rather 〜 than … 「(どちらかといえば)むしろ…より〜したい」 75

同義語・関連語グルーピング索引

この索引では、一度はまとめて見ておきたい熟語をグルーピングして、共通タイトルをつけた。

一般に／とにかく／一体（全体）

遅れずに

起こる／引き起こす

～限り

～から成る

☐ consist of ～ 「～から成り立つ」 128
☐ consist in ～ 「～にある」 195

関係／無関係

☐ be concerned with ～ 「～に関係している」 99
☐ have nothing to do with 「～と無関係である」 161
☐ (It's) none of ～'s business 「～には関係ない」 197

屈服する

☐ give in (to ～) 「(～に)屈服する」 121
☐ yield to 「屈する」 298

軽視／重視

☐ come up with 「思いつく、考えつく」 76
☐ think much of ～ 「～のことを重視する」 168

結局は

☐ after all 「結局は」 6
☐ result in ～ 「～に終わる」 82
☐ in the long run 「結局は」 251

考慮に入れる

☐ take account of ～ 「～を考慮に入れる」 97
☐ be anxious about ～ 「～を心配する」 125
☐ be willing to ～ 「～してもかまわない」 143
☐ reflect on ～ 「～を熟考する」 107

好む

☐ prefer A to B 「B より A のほうを好む」 14
☐ would rather ～ than … 「(どちらかといえば)むしろ…より～したい」 75
☐ take to ～ 「～が好きになる」 291

最初は

探す

しそうだ／傾向

～し続ける／ずっと・永久に

知っている／気づいている

実を言うと

- ☐ in fact　「実際は」 3
- ☐ to tell the truth　「正直に言うと」 36
- ☐ as a matter of fact　「実を言うと」 140

執着／主張

- ☐ insist on ～　「～を主張する」 171
- ☐ cling to ～　「～に執着する」 259

すなわち／つまり／結論として

- ☐ in short　「つまり」「要するに」 19
- ☐ for instance　「たとえば」 34
- ☐ what we call　「いわゆる」 48
- ☐ that is (to say)　「すなわち」 88
- ☐ in conclusion　「結論として」 26

するといけないから／場合

- ☐ in case …　「…するといけないから」 134
- ☐ in case of ～　「～の場合には」 244

するやいなや／初めて

- ☐ when it comes to ～　「～ということになると」 148
- ☐ It is not until ～ that …　「～して初めて…する」 190
- ☐ no sooner ～ than …　「～するやいなや…」 201
- ☐ on ～ ing　「～するとすぐに」 215

せいぜい／わずか～だけ

- ☐ at least　「少なくとも」 21
- ☐ no more than ～　「わずか～だけ」 265
- ☐ not more than ～　「(最大)せいぜい」 266

成長／進歩

- ☐ grow up 「成長する」 92
- ☐ bring up ～ 「～を育てる」 108
- ☐ make progress 「進歩する」 211

切望／必要／熱望

- ☐ be anxious for ～ 「～を切望している」 85
- ☐ long for ～ 「～を切望する」 186
- ☐ call for ～ 「～を必要とする」 206
- ☐ be eager to ～ 「～することを熱望する」 232

世話をする

- ☐ take care of ～ 「～の世話をする」 8
- ☐ look after ～ 「～の世話をする」 37
- ☐ care for ～ 「～の世話をする」 105

楽しい／～したい気がする

- ☐ have a good time 「楽しくすごす」 43
- ☐ look forward to ～ 「～を楽しみに待つ」 44
- ☐ feel like ～ing 「～したい気がする」 207

頼る／頼みごとをする

- ☐ depend on ～ 「～に頼る」 109
- ☐ rely on [upon] ～ 「～に頼る」 163
- ☐ count on 「～に頼る」 276
- ☐ ask A a favor 「Aに頼みごとをする」 281
- ☐ resort to ～ 「～に訴える・頼る」 106

多量

- ☐ not a few 「少なからぬ」 79
- ☐ a good [great] deal of ～ 「多量の～」 94
- ☐ quite a few 「かなり多くの」 220

対処／注意

- ☐ pay attention to ～ 「～に注意を払う」 151
- ☐ deal with 「～に対処する」 284

〜というよりむしろ…

- □ not so much A as B　「A というよりはむしろ B」　210
- □ no more 〜 than …　「…でないのと同様に〜でない」　267

ときおり／ときどき

- □ on occasion　「ときおり」　174
- □ once in a while　「ときどき」　212
- □ now and then　「ときどき」　229

途中／経由

- □ on one's way (to 〜)　「(〜への) 途中で」　61
- □ by way of 〜　「〜経由で」「〜として」　255

どちらかと言えば

- □ if any　「たとえあるとしても／もしあれば」　248
- □ if anything　「どちらかと言えば」　249

突然／すぐに

- □ at once　「すぐに」「同時に」　7
- □ all at once　「突然」　138
- □ all of a sudden　「突然」　143
- □ before long　「そのうち／まもなく」　172

取り除く／奪う／解雇する

- □ get rid of 〜　「〜を取り除く」　41
- □ deprive 〜 of …　「〜から…を奪う」　77
- □ rob 〜 of …　「〜から…を奪う」　152
- □ lay off 〜　「〜を解雇する」　185

慣れる

- □ be used to 〜　「〜に慣れている」　23
- □ be accustomed to 〜　「〜に慣れている」　72

～に関しては／～の点では

似ている

～の代わりに

～のために／原因・理由

～のために／目的

～のなすがまま

のみならず／同様

- ☐ A as well as B 「B ばかりでなく A も」 10
- ☐ not only A but also B 「A だけでなく B も」 13
- ☐ as well 「(その上)…もまた」 147

～は当然／言うまでもなく

- ☐ take ～ for granted 「～を当然のことと考える」 68
- ☐ It goes without saying that … 「…なのは言うまでもない」 93
- ☐ to say nothing of ～ 「～は言うまでもなく」 192
- ☐ be true of 「～に当てはまる」 199
- ☐ let alone ～ 「～は言うまでもなく」 200

非難／悪く言う

- ☐ blame ～ for … 「…のことで～を非難する」 241
- ☐ accuse A of B 「B で A を非難する」 260
- ☐ speak ill of ～ 「～を悪く言う」 251

誇りに思う

- ☐ be proud of ～ 「～を誇りに思う」 106
- ☐ boast of ～ 「～を自慢する」 136
- ☐ look up to ～ 「～を尊敬する」 160
- ☐ in honor of ～ 「～に敬意を表して」 250

まさに／必ず～する

- ☐ never … without ～ing 「…すると必ず～する」 65
- ☐ be sure to 不定詞 「きっと(必ず)～する」 122
- ☐ be about to 不定詞 「(まさに)～しようとしている」 154
- ☐ be bound to ～ 「必ず～する」 161
- ☐ never [cannot] fail to ～ 「必ず～する」 261

まったく／けっして～ない

- ☐ not …at all 「まったく…ない」 11
- ☐ far from ～ 「すこしも～でない」 103
- ☐ by no means 「けっして～ない」 142
- ☐ the last ～ to [that] … 「最も…しそうにない～」 176

予定／せざるを得ない

- ☐ cannot help ～ing 「～せざるを得ない」 52
- ☐ be supposed to 不定詞 「～する予定になっている」 89
- ☐ cannot but ～ 「～せざるを得ない」 102
- ☐ be obliged [forced] to ～ 「～せざるを得ない」 254

理解する

- ☐ figure out ～ 「～を理解する」 253
- ☐ make out ～ 「～を理解する」 288

利用する

- ☐ take advantage of ～ 「～を利用する」 126
- ☐ make use of ～ 「～を利用する」 233
- ☐ make the best of ～ 「～を最大限に利用する」 239

～を除けば／かかわらず

- ☐ except for ～ 「～(の点を)除けば」 15
- ☐ look for ～ 「～を探す」 25
- ☐ in spite of ～ 「～にもかかわらず」 27
- ☐ apart from ～ 「～は別として」 59
- ☐ regardless of ～ 「～にかかわらず」 179

ひとりで / それ自体で

- ☐ by oneself 「ひとりで」 91
- ☐ in itself 「それ自体では」 211
- ☐ at one's best 「最高の状態で」 226
- ☐ beside oneself with ～ 「～にわれを忘れて」 282
- ☐ help oneself to ～ 「自分で(自由に)とって食べる」 294

章末テスト

ここまで学習した熟語を入試問題形式でチェックしよう！

◆「改訂3版」で削除した20熟語◆

8. take care of
15. except for
17. be good at
26. as a rule
31. be full of
32. be afraid of
39. be famous for
49. turn on / off
59. apart from
73. hardly when → 201の解説変更
74. at home
106. be proud of → 136の解説変更
107. out of the question
110. on behalf of
178. close to
198. be content with → 166の解説変更
226. at one's best
232. in search of → 25の解説変更
289. be acquainted with
300. on earth（127と重複のため）

2章　章末テスト

＜問＞　各英文の下線部を言い換えた語句として、最も適切なものを選び記号で答えなさい。

「その便は嵐のため欠航となった」

1. The flight was canceled because of the storm.
   ① put off　② called off
   ③ taken off　④ turned off

「彼の最新作は来月出版される」

2. His latest novel will be published next month.
   ① bring about　② come about
   ③ come out　④ come across

「先生は私達に宿題を提出するよう言った」

3. The teacher told us to submit the assignments.
   ① hand in　② hand out
   ③ hand back　④ hand over

「その二国の間で戦争が起こった」

4. A war occurred between the two countries.
   ① broke up　② broke down
   ③ broke off　④ broke out

「若い人は時間を浪費する傾向がある」

5. Young people are apt to waste time.
   ① are willing to　② used to
   ③ tend to　④ are indifferent to

＜解答＞

1. 正解：②「その便は嵐のため欠航となった」なので「中止する」の called off（→72）が正解。
① put off は「延期する（→221）」③ take off は「脱ぐ・離陸する（→56）」④ turn off は「電源を切る」

2. 正解：③「彼の最新作は来月出版される」なので「世に出る」を表す come out（→34）が正解。
① bring about は「～を引き起こす（→223）」②come about は「生じる（→263）」④ come acrossは「～に偶然出会う（→164）」

3. 正解：①「先生は私達に宿題を提出するよう言った」なので「提出する」の hand in（→63）が正解。
② hand out は「配る」③ hand back は「～を返す」④ hand over は「～を譲る」

4. 正解：④「その二国の間で戦争が起こった」なので「勃発する」の過去形 broke out（→100）が正解。
① break up は「散る・解散する」② break down は「故障する・決裂する」③ break off は「はずれる・ちぎれる」

5. 正解：③「若い人は時間を浪費する傾向がある」なので「～しがちだ」を表す tend to（→38）が正解。
① be willing to は「～をいとわない（→143）」② used to は「～したものだ（→24）」④ be indifferent to は「～に無関心だ（→43）」

3章　章末テスト

＜問＞　各英文の下線部を言い換えた語句として、最も適切なものを選び記号で答えなさい。

「私たちは皆卒業を待ち望んでいる」

1. We all long for our graduation.
   ① wait for　② ask for
   ③ look for　④ are anxious for

「ついに彼は私の説得に屈した」

2. Finally, he gave way to my persuasion.
   ① gave in　② gave off
   ③ gave out　④ gave up

「突然、私は叫び声を聞いた」

3. All at once, I heard a cry.
   ① at once　② once in a while
   ③ once upon a time　④ suddenly

「私は先週パーティーで偶然メアリーに会った」

4. I happened to see Mary at a party last week.
   ① lost sight of　② saw off
   ③ came across　④ called on

「彼女は最近裕福だ」

5. She is wealthy these days.
   ① well known　② well off
   ③ very happy　④ busy

<解答>

1. 正解：④「私たちは皆卒業を待ち望んでいる」なので「～を切望する」の are anxious for (→85) が正解。
※ long for は186に掲載
① wait for は「～を待つ」② ask for は「～を要求する」③ look for は「～を探す（→25)」

2. 正解：①「ついに彼は私の説得に屈した」なので「～に屈服する」の過去形 gave in（→121）が正解。
② give off は「～を発する（→113)」③ give out は「尽きる・発表する」④ give up は「あきらめる・止める」

3. 正解：④「突然、私は叫び声を聞いた」なので「突然」の suddenly（→138）が正解。
① at once は「すぐに（→7)」② once in a while は「ときどき（→174)」③ once upon a time は「昔々」

4. 正解：③「私は先週パーティーで偶然メアリーに会った」なので「偶然出会う」の過去形 came across (→164) のが正解。
① lose sight of は「～を見失う」② see off は「～を見送る」④ call on は「訪問する（→224)」

5. 正解：②「彼女は最近裕福だ」なので「裕福な」の well off（→181）が正解。
① well known は「よく知られている」③ very happy は「とても幸せ」④ busy は「忙しい」

4章　章末テスト

＜問＞　各英文の下線部を言い換えた語句として、最も適切なものを選び記号で答えなさい。

「彼女は昨日のパーティーに姿を見せなかった」
1. She didn't show up at the party yesterday.
① appear　② appeal
③ like　④ drink

「彼が亡くなってから10年になる」
2. It is ten years since he passed away.
① ran away　② stayed away
③ died　④ moved

「上司は私たちの提案を拒否した」
3. Our boss turned down our proposal.
① adopted　② refused
③ changed　④ revised

「私は1,000円だけ盗まれた」
4. I was robbed of only 1,000 yen.
① not more that　② no more than
③ not less than　④ no less than

「私は様々な困難を経験した」
5. I went through a lot of trouble.
① broke through　② got through
③ solved　④ experienced

<解答>

1. 正解：①「彼女は昨日のパーティーに姿を見せなかった」なので「現れる」の appear（→264）が正解。
② appeal は「～を訴える・興味を引く」③ like は「～を好む」④ drink は「(お酒を)飲む」

2. 正解：③「彼が亡くなってから10年になる」なので「亡くなる」の過去形 died（→220）が正解。
① run away は「逃げる・逃れる」② stay away は「離れている・寄り付かない」④ move は「動く・引っ越す」

3. 正解：②「上司は私たちの提案を拒否した」なので「拒否する」の過去形 refused（→292）が正解。
① adopt は「採用する」③ change は「変える」④ revise は「修正する」

4. 正解：②「私は1,000円だけ盗まれた」なので「～だけ」の no more than（→265）が正解。
① not more than は「せいぜい・多くても（→266）」③ not less than は「～も（→266）」④ no less than は「少なくとも（→265）」

5. 正解：④「私は様々な困難を経験した」なので「経験する」の過去形 experienced（→234）が正解。
① break through は「突破する・現れる」② get through は「通り抜ける・終える」③ solve は「解決する」

改訂3版 合格英熟語300

2007年 4月25日 初版 第1刷発行
2022年 1月26日 改訂版 第1刷発行
2023年 3月31日 改訂2版第1刷発行
2024年 3月31日 改訂3版第1刷発行

編　　者　受験情報研究会
発 行 者　池田雅行
発 行 所　株式会社 ごま書房新社
〒167—0051
東京都杉並区荻窪4—32—3
AKオギクボビル201
TEL 03—6910—0481(代)
FAX 03—6910—0482
カバーデザイン　株式会社オセロ(大谷浩之)
DTP　Beeing(田中敏子)
印刷・製本　精文堂印刷株式会社

ISBN978-4-341-01940-2　C0282